PASSERELLE FRANCE-JAPON

映像＋Interview
で学ぶフランス語

モーリス・ジャケ
舟杉 真一
津田 奈菜絵

SURUGADAI-SHUPPANSHA

フランス教育省は 2016 年度から教育カリキュラムに新つづり字を採用しており、この本も新つづり字で表記しています。該当する単語については、従来のつづり字との対照表を p.154 に記してあります。

Design : dice
Photos : Emjiprod

はじめに

『映像 + Interview で学ぶフランス語　Passerelle France-Japon』はヨーロッパ言語共通参照枠（CECR）A2 レベル、仏検準 2 級、2 級を目指す方々を対象に編まれた本です。

passerelle には「異なるものの間の橋渡し」という意味があります。この本では、日本とフランスの「橋渡し」となる 15 のテーマを選びました。

各課は 8 ページ構成です。映像付テクストとインタビュー記事を軸に、豊富な練習問題を用意し、独学でも幅広く学習できるよう工夫してあります。

映像付テクスト、語彙と文法解説、練習問題

まずは QR コードを使って YouTube にアクセスしてください。テクストは見ずに、映像とナレーションから、何が話題となっているのかを推測してみましょう。推測できたら右ページの Vocabulaire を参考にして、実際のテクストを読み解いていきます。3 ページ目では、テクストに関連する文法事項 Petit rappel や同義語 Synonymes を紹介しています。4 ページ目の Vrai ou Faux ? と Choisissez la bonne réponse ! でテクストについて正しく理解できているかどうかを確認しましょう。映像を使って、ご自分でディクテ（書き取り）をやってみるのも効果的な学習方法です。

インタビュー記事、語彙、練習問題

各課のテーマに関連して、15 人のフランス人・日本人にインタビューをしました。どの記事もたいへん興味深い内容で、日仏文化の違いを知るだけでなく、口語のフランス語を学ぶ良い機会にもなると思います。7 ページ目の Exercices で、インタビューの内容が正しく理解できているか、語彙を習得できているかどうかを確認します。

最後は総まとめのテスト Test sur 100 に挑戦しましょう。巻末には単語リストを設けました。

言語は、お互いの文化を知るための大切なツールです。この本が、みなさんのフランス語の語彙力・表現力をさらに高めると同時に、日本とフランス、2 つの国の文化をさらに深く知っていただく「橋渡し」になることを心から願っております。

2024 年夏　著者一同

この本の使いかた

まずはテクストを見ずに QR コードから YouTube にアクセスしましょう。繰り返し映像を見て、何が話題になっているか推測してください。

右ページの Vocabulaire を参考にして、テクストを読み解いていきます。Petit rappel や Synonymes については3ページ目で解説しています。

知っておきたい文法知識や類義語を解説しています。語彙を広げるのに役立ちます。

テクストの内容を正しく理解しているかどうかを確認する練習問題です。

目　次

はじめに　　3

この本の使いかた　　4

1 Van Gogh, Japonais dans l'âme　　8
Interview : Morgane Boullier　　12

2 Encore un peu de pain ?　　16
Interview : Motoki Itoh　　20

3 Pays natal　　24
Interview : Tatsuya　　28

4 De bons compagnons !　　32
Interview : Julie B.　　36

5 Destination Japon (1)　　40
Interview : Anna T.　　44

6 Balade en sous-sol　　48
Interview : Erika Tanaka　　52

7 Pas de sushis, merci !　　56
Interview : Kohichi Nishihata　　60

8 Tu fais quoi quand tu es libre ?　　64
Interview : PMGL　　68

9 Les jeunes et l'alcool　　72
Interview : Saori Amano　　76

10	**Pays maritimes**	80
	Interview : Justyna Loche	84
11	**Destination Japon (2)**	88
	Interview : Ryusuke Murata	92
12	**Comprendre le franponais !**	96
	Interview : Maïko	100
13	**Un métier d'art**	104
	Interview : Alain Mainhagu	108
14	**Paris, je t'aime !**	112
	Interview : Kô Takahashi	116
15	**Connus ici et inconnus là-bas !**	120
	Interview : Ayumi Ueda	124

Test sur 100 … 128

練習問題の解答と訳 … 134

Vocabulaireで扱った単語一覧 … 154

Postface et remerciements … 164

1 Van Gogh, Japonais dans l'âme

Vincent Van Gogh est un peintre connu dans le monde entier, mais deux pays ont été importants dans sa vie et son œuvre : la France, où il a vécu et peint pendant de nombreuses années, et le Japon. À 16 ans, il est tombé amoureux d'estampes japonaises, découvertes chez un marchand d'art parisien. Leur style a très vite inspiré son travail.

Autoportrait (Van Gogh)

Arrivé à Arles, en 1888, Vincent a écrit à son frère Théo : « Tu sais, je me sens au Japon. ». Il aimait la lumière, les couleurs, les décors fleuris de la Provence. Il a décrit son tableau « Champ de blé aux iris » comme un « rêve japonais ».

Puis, Van Gogh a déménagé à Auvers sur Oise, un village paisible au nord de Paris. Il s'y promenait dans les rues et dans les collines des environs pour trouver des idées, comme l'avait fait Hiroshige dans les provinces de l'Archipel.

Van Gogh n'est jamais venu au pays du Soleil-levant, mais il serait heureux de constater l'amour et les émotions du public japonais devant la beauté de ses tableaux.

un café à Arles peint par Van Gogh

une rue à Auvers sur Oise

「炎の画家」と呼ばれるファン・ゴッホは、日本に強い憧れを抱いていました。その憧れは何がきかっけだったのでしょうか。美しい映像を見ながら、ゴッホの世界を旅してみましょう。

Vocabulaire

- □ âme 女 魂　dans l'*âme* 心（しん）からの
- □ peintre 名 画家　*cf.* peinture 女 絵画、塗料　peindre 他動 絵を描く
- □ dans le monde entier 世界中で
- □ œuvre 女 仕事、活動、（芸術的、文学的）作品
- □ vécu < vivre の過去分詞
- □ tomber amoureux de ... 〜に夢中になる
- □ estampe 女 版画　*estampe* japonaise 浮世絵
- □ marchand(e) d'art 名 画商
- □ inspirer 他動 〜に影響を与える　*cf.* inspiration 女 思いつき、霊感
- □ se sentir 代動 自分が〜だと感じる
  cf. sentir 自動 におう　他動 〜を感じる
- □ décor 男 景観、装飾　*cf.* décoration 女 飾り付け　décorer 他動 〜を飾る
- □ fleuri(e) 形 花が咲いた、花で飾られた
- □ décrire 他動 〜を言い表す、描写する
- □ champ 男 畑
- □ blé 男 小麦
- □ iris 男 アヤメ、アイリス　※発音は [iris]
- □ déménager 自動 引っ越す ⇔ emménager 入居する
- □ paisible 形 平和な、平穏な　→ p.10 **Synonymes**
- □ se promener 代動 散歩する　*cf.* promenade 女 散歩
- □ colline 女 丘
- □ environs 男〔複数形〕付近、周辺　*cf.* environ 副 およそ、約
- □ province 女 （首都に対する）地方、田舎
- □ archipel 男 列島　l'*Archipel* = l'archipel du Japon 日本列島
- □ le pays du Soleil-levant 男 日出ずる国、日本　→ p.10 **Petit rappel**
- □ constater 他動 〜を認める　*cf.* constatation 女 確認
- □ émotion 女 感動　*cf.* émouvoir 他動 〜を感動させる

Champ de blé aux iris
(Van Gogh)

Synonymes

paisible の類義語を理解し、語彙を広げましょう。場所にも人にも使えますが、ニュアンスが異なります。

paisible : 平穏な、平穏を求めて問題を起こさない
  Auvers est un village *paisible*.　オーヴェールは平穏な村である。
  Julien est une personne *paisible*.　ジュリアンは穏和な人である。

calme : 騒音のない、動き回らず物音を立てない
  Auvers est un village *calme*.　オーヴェールは静かな村である。
  Julien est très *calme*.　ジュリアンはとても物静かだ。

tranquille : 騒乱のない、静かな、動き回らず行儀がよい
  Auvers est un village *tranquille*.　オーヴェールは落ち着いた村である。
  Julien est un garçon *tranquille*.　ジュリアンは穏やかな男の子だ。

Petit rappel

国名の言いかえ

フランス語は同じ単語を繰り返すことを好みません。国名は下記のように言い変えることがよくあります。

le Japon	le pays du Soleil-levant　日出ずる国
la France	l'Hexagone　六角形
la Chine	le géant qui sommeille　眠れる巨人
la Corée du sud	le pays des matins calmes　静寂な国
	le pays du matin clair　澄んだ朝の国
la Finlande	le pays des mille lacs　湖の国
Israel	la terre sainte　聖なる大地
l'Italie	la botte　長靴
la Thaïlande	le pays des sourires　ほほえみの国
les États-Unis	Oncle SAM　サムおじさん

Comprendre

Vrai ou Faux ?

p.8 のテクストの内容と合っていれば V、間違っていれば F を書きましょう。

1) Van Gogh est seulement connu en France et au Japon. ( )
2) Van Gogh aimait beaucoup les estampes japonaises. ( )
3) Pour Van Gogh, la Provence ressemblait au Japon. ( )
4) Van Gogh trouvait des idées de tableaux en se promenant. ( )
5) Van Gogh a d'abord habité à Auvers sur Oise avant d'aller à Arles. ( )

Choisissez la bonne réponse !

1 p.8 のテクストを読み、正しい答えを選びましょう。

1) Où est-ce que Van Gogh a vu des estampes pour la première fois ?
   ☐ à Paris.
   ☐ au Japon.
   ☐ dans son pays natal, la Hollande.
2) Qu'est-ce qu'aimait particulièrement Van Gogh en Provence ?
   ☐ les habitants.
   ☐ les paysages.
   ☐ les parfums dans la nature.
3) Où se trouve Auvers sur Oise ?
   ☐ en Provence.
   ☐ pas très loin d'Arles.
   ☐ près de Paris.

2 p.8 のテクストを読み、それぞれが意味している内容を選びましょう。

1) Que signifie « *Leur* » dans la phrase « *Leur style a très vite inspiré son travail* » ?
   ☐ le style des estampes
   ☐ le style des peintres parisiens
   ☐ le style de Van Gogh
2) Que signifie « *y* » dans la phrase « *Il s'y promenait…* » ?
   ☐ à Auvers sur Oise et ses environs
   ☐ dans les collines autour d'Auvers sur Oise
   ☐ au nord de Paris

L'artiste *sumi-e*, Morgane Boullier, parle à notre journaliste de sa passion !

🎤 Qu'est-ce que le *sumi-e* ?

👧 Cet art s'inspire de la nature, des saisons. C'est aussi une philosophie et une pratique zen qui vise à améliorer sa patience et sa concentration. Comme outils, on utilise les pinceaux, le papier, l'encre et la pierre à encre. Ce sont les « quatre trésors du peintre » !

🎤 Comment avez-vous découvert cette technique de peinture ?

👧 Un peu par hasard, en tombant sur un magnifique livre dans une librairie à Tokyo. Un coup de cœur ! Puis, j'ai rencontré un maitre japonais. Je lui suis très reconnaissante. Cette rencontre a guidé ensuite ma vie artistique.

🎤 Quel est le charme du *sumi-e* ?

👧 Son but n'est pas de peindre de façon réaliste, mais de transmettre des impressions. En seulement quelques coups de pinceaux, on saisit l'instant présent.

🎤 Le *sumi-e* est-il connu en France ?

👧 Depuis quelques années, on en entend de plus en plus parler, probablement grâce aux réseaux sociaux et à l'intérêt des français pour le zen et les arts japonais. Je peins la Nature et le Japon traditionnel, donc je suppose que les gens qui achètent mon travail ont un intérêt pour l'un, pour l'autre, ou pour les deux ! On m'a dit que mes peintures étaient « un pont entre ces deux pays ».

🎤 À part le *sumi-e*, quel est votre art japonais préféré ?

👧 Le *ukiyo-e* ! Je rêverais de revenir au Japon pour m'y former un jour !

Morgane Boullier（モルガン・ブリエ）

ブルターニュ出身のアーティスト、イラストレーター。パリのアニメーションスタジオで働いたのち、日本でフリーランスとして活動中に墨絵と出会い、8年間日本人の墨絵画家に師事。四季や日本の伝統文化に着想を得た、詩的で洗練された作風が好評。

Vocabulaire

- pratique 女 実践、実行、実施、練習、経験　*cf.* pratiquer 他動 〜を実行する
- zen 男 禅　形 禅の　rester *zen* 落ち着き払っている
- viser 他動 〜を狙う、目標とする、目指す
- améliorer 他動 〜をよりよくする、改良・改善する
- patience 女 忍耐　*cf.* patient(e) 形 忍耐強い 名 患者
- concentration 女 集中　*cf.* concentrer 他動 〜に集中する
- pinceau 男 筆、絵筆　*cf.* pince 女 挟む道具
- encre 男 墨、墨汁　pierre à *encre* 硯
- trésor 男 財宝、宝
- tomber sur ... 〜に偶然出会う（= découvrir par hasard）
- coup de cœur 男 ひとめ惚れ
- reconnaissant(e) 形 à ... 〜に感謝している（reconnaitre の現在分詞）
- saisir 他動 〜をつかむ
- réseau social 男 〔複数形 réseaux sociaux〕ソーシャルネットワーク、SNS
- intérêt 男 関心、興味、好奇心　*cf.* intéresser 他動 〜の興味をひく
- supposer 他動 〜を仮定する、想定する、推測する
- à part 〜以外に　*à part* ça それを除けば
- se former 代動 修養を積む、教養・技術を身につける

Exercices

1 p.12 のインタビューを読み、正しい答えを選びましょう。

1) Comment Morgane Boullier a-t-elle découvert le *sumi-e* ?
   ☐ Elle a vu les œuvres d'un maitre japonais dans une librairie.
   ☐ Elle cherchait des informations sur cet art.
   ☐ Elle feuilletait des livres quand elle en a vu un sur cet art.

2) Le *sumi-e* est-il un art très populaire en France ?
   ☐ Non, il n'est connu que de quelques personnes qui aiment le Japon.
   ☐ Oui, parce que les Français adorent les arts japonais.
   ☐ Pas encore, mais il le devient peu à peu, selon Morgane Boullier.

3) Morgane Boullier a-t-elle le projet de revenir au Japon ?
   ☐ Non, pour l'instant.
   ☐ Oui, mais rien n'est encore décidé.
   ☐ Oui, elle a déjà décidé d'y revenir très rapidement.

2 p.12 のインタビューの中から該当する語や表現を見つけましょう。

1) La .... est une qualité : il faut savoir attendre.
2) Le .... pour le *sumi-e* est souvent fait avec des poils de chèvre.
3) L'.................. est faite à partir de noir de fumée et de gélatine ou de colle.
4) « J'ai eu un vrai .... pour l'œuvre de cette artiste. » dit un critique.
5) « Vous allez souvent au Japon, je .... ! » dit un journaliste à M. Boullier.
6) « Écouter la nature .... beaucoup ! » dit un compositeur.
7) Timéo est très .... envers ses parents, qui l'ont beaucoup aidé.
8) Dans la vie, malgré le stress, il faut essayer de rester .... !

3 それぞれふさわしい訳を選びましょう。

1) On n'entend plus parler de Léa. ●   ● ⓐ レアの声が聞こえない。
2) Avec Léa, on ne s'entend plus. ●   ● ⓑ レアのことはもう話題に上らなくなった。
3) On n'entend pas Léa ! ●   ● ⓒ レアとはもううまくいっていないんだ。

p.8 テクストの訳　　ファン・ゴッホ、根っからの日本人

　フィンセント・ファン・ゴッホは世界的に有名な画家だが、その人生と仕事においては2つの国が重要である。彼が長年住み、絵を描いたフランス、そして日本だ。16歳のとき、彼はパリの画商の店で見た日本の浮世絵に夢中になった。浮世絵の様式はすぐに彼の作品に影響を与えた。

　1888年にアルルに到着した彼は、弟のテオに次のように書いている。「あのね、僕は日本にいるように感じるんだ」。彼はプロヴァンス地方の光、色、花の咲く景観を好んだ。自作の《アイリスの咲く麦畑》を「日本の夢」と表現した。

　その後、ファン・ゴッホはパリの北にある平穏な村、オーヴェール・シュル・オワーズに引っ越した。広重が日本列島の各所で行なったように、アイデアを見つけるために周辺地域の通りや丘を歩いたのだった。

　ファン・ゴッホは日出ずる国（日本）には一度も来たことはなかったが、自分の絵の美しさに対する日本の人々の愛と感動を知ったら喜ぶことだろう。

p.12 インタビューの訳

墨絵画家モルガン・ブリエが自分の情熱についてジャーナリストに語ります。
―墨絵とはなんですか？
―自然や季節から着想を得る芸術です。哲学でもあり、忍耐や集中力を養う禅の実践でもあります。道具としては、絵筆、紙、墨、硯を用います。それらが「文房四宝」です。
―どのようにしてこの絵画の技法を知ったのですか？
―偶然、東京の書店ですばらしい本が目に留まったのです。ひとめ惚れでした！　その後、日本人の師匠と出会いました。師匠には本当に感謝しています。この出会いが私の芸術家としての人生を導いてくれました。
―墨絵の魅力とはなんですか？
―墨絵の目的は写実的な方法で描くことではなく、印象を伝えることにあります。わずかな絵筆の運びで、今この瞬間をつかみとるのです。
―墨絵はフランスで有名ですか？
―数年前から耳にすることが増えてきました。おそらくSNSのおかげと、フランス人が禅や日本の芸術に関心をもつようになったためでしょう。私は自然や伝統的な日本を描いているので、私の絵を買ってくれる人たちは、そのどちらか一方、もしくは両方に興味があるのだと思います。私の絵は「両国の懸け橋」だと言われたことがあります。
―墨絵以外で好きな日本美術はなんですか？
―浮世絵です！　いつか日本に戻って勉強してみたいなと思っています。

2 Encore un peu de pain ?

Les Français mangent de moins en moins de pain (390 kg par an et par personne en 1900, 45 kg aujourd'hui). Ils ont désormais le choix entre différents nouveaux types de pains : complet, de campagne, aux céréales, sans gluten, etc. Mais la baguette

une boulangerie

traditionnelle reste la plus achetée. Elle est présente, sur la table, au petit déjeuner, au déjeuner comme au dîner, en famille ou au restaurant.

En France, pour avoir le droit d'ouvrir une « **boulangerie** », il faut posséder un diplôme de boulanger et fabriquer soi-même son pain sur place, en respectant les quatre étapes obligatoires : le pétrissage de la pâte, sa fermentation, sa mise en forme et sa cuisson. Un « **dépôt de pain** » vend des produits préparés en usine, parfois congelés pour le transport jusqu'au point de vente.

un dépôt de pain

Depuis le 30 novembre 2022, la baguette est inscrite au patrimoine mondial de l'humanité.

des baguetttes tradition

Au Japon, la consommation de pains divers augmente régulièrement depuis une vingtaine d'années, grâce au travail d'excellents boulangers japonais, souvent formés en France. Mais le traditionnel *shokupan*, à la mie si douce et légère, reste le plus apprécié.

近年では日本でも実にさまざまなパンが売られるようになりました。パンの本場、フランスではどうなのでしょうか。日本とフランスのパン事情を見ていきましょう。

Vocabulaire

- [ ] de moins en moins だんだん少なく ⇔ de plus en plus
- [ ] désormais 副 現在、今日では、今後は、それ以降は
- [ ] complet / complète 形 完全な　pain *complet* 全粒粉パン
- [ ] céréale 女 穀物
- [ ] traditionnel(le) 形 伝統的な　*cf.* tradition 女 伝統
- [ ] avoir le droit de + 不定詞　〜する権利・資格をもつ
- [ ] boulangerie 女 （商店としての）パン屋　→ p.18 Petit rappel
- [ ] posséder 他動 〜を所有する（= avoir）　*cf.* possession 女 所有
- [ ] diplôme 男 免状、証書　*cf.* diplômé(e) 形 免状・免許を取得した
- [ ] fabriquer 他動 〜を作る（= faire）　*cf.* fabrication 女 製造
- [ ] soi-même 代 自分自身
- [ ] sur place その場で　*cf.* à emporter 持ち帰りの
- [ ] pétrissage 男 （粉などを）こねること　*cf.* pétrir 他動 〜をこねる
- [ ] pâte 女 生地、〔複数形で〕パスタ
- [ ] fermentation 女 発酵　*cf.* fermenter 自動 発酵する
- [ ] mise en forme 女 形を整えること、成形
- [ ] cuisson 女 加熱調理　*cf.* cuire 他動 〜に火を通す
- [ ] dépôt 男 預けること、委託　*cf.* déposer 他動 〜を預ける、置く
- [ ] congelé(e) 形 冷凍した　*cf.* congeler 他動 〜を冷凍する
- [ ] point de vente 男 販売店、店舗
- [ ] inscrit(e) 形 à ...　〜に登録された（inscrire の過去分詞）
- [ ] patrimoine mondial de l'humanité 男 世界文化遺産
- [ ] augmenter 他動 〜を増やす　*cf.* augmentation 女 増加
- [ ] formé(e) 形 教育、訓練を受けた
　　cf. former 他動 〜を養成する、〜を作る
- [ ] mie 女 パンの身　pain de *mie* 食パン
- [ ] apprécié(e) 形 評価された　*cf.* apprécier 他動 〜を評価する

Petit rappel

商店の名詞、商店で働く人の名詞

商店を表す名詞とそこで働く人を表す名詞を混同しないでください。つづりはとても似ていますが、語尾に注意しましょう。

	commerce 商店	profession 男性	profession 女性
食料品店	l'épic**erie**	l'épic**ier**	l'épic**ière**
肉屋	la bouch**erie**	le bouch**er**	la bouch**ère**
パン屋	la boulang**erie**	le boulang**er**	la boulang**ère**
菓子店	la pâtiss**erie**	le pâtiss**ier**	la pâtiss**ière**
魚屋	la poisson**nerie**	le poisson**nier**	la poisson**nière**

「〜店で(に)」は、商店に対して使う場合と、その商店で働く人に対して使う場合の2通りの言い方ができますが、前置詞の違いに気をつけてください。

« Ma sœur travaille *dans une* boulangerie. »（dans une + 店）
= « Ma sœur travaille *chez* un boulanger. »（chez + 人）「姉(妹)はパン屋で働いています」
« Maman va *à la* boulangerie. »（à la + 店）
= « Maman va *chez* le boulanger. »（chez + 人）「お母さんはパン屋に行きます」

前置 / 後置で意味が異なる形容詞

p.16 の5行目の différent のように、名詞の前に置くか、後ろに置くかで意味が異なる形容詞に注意しましょう。

	前置	後置
dernier / dernière	最後の	この前の
différent(e)	さまざまな	異なる
pauvre	可哀想な	貧しい

la *dernière* année　最後の年　　　l'année *dernière*　去年
« J'ai visité *différents* pays cet été. »　「この夏、私はさまざまな国を訪れた」

※無冠詞で用います

« Nous avons des idées *différentes*. »　「私たちは意見が違う」
Ce n'était pas un homme *pauvre*, mais c'était un *pauvre* homme.
　　貧しくはなかったが、哀れな男だった。
　　　　※前置の場合には主観的な意味、後置の場合には客観的な意味になります

Comprendre

Vrai ou Faux ?

p.16 のテクストの内容と合っていれば V、間違っていれば F を書きましょう。

1) La consommation de pain baisse en France. ( )
2) Les Français préfèrent la baguette aux pains spéciaux. ( )
3) N'importe qui peut ouvrir une boulangerie en France. ( )
4) Le pain vendu dans un dépôt de pain est fabriqué sur place. ( )
5) La consommation de pain est en augmentation au Japon. ( )

Choisissez la bonne réponse !

[1] p.16 のテクストを読み、正しい答えを選びましょう。

1) Quand est-ce que le pain est présent sur la table, en France ?
   - ☐ à tous les repas.
   - ☐ quand c'est un repas de fête.
   - ☐ seulement le matin.

2) Quelle est la deuxième étape dans la fabrication du pain ?
   - ☐ faire cuire le pain.
   - ☐ laisser reposer la pâte.
   - ☐ préparer la pâte à pain.

3) À partir de quand la consommation de pain a augmenté au Japon ?
   - ☐ il y a environ 20 ans.
   - ☐ quand l'auteur du texte avait 20 ans.
   - ☐ vers la moitié du vingtième siècle.

[2] p.16 のテクストを読み、それぞれが意味している内容を選びましょう。

1) Que signifie « *soi-même* » dans le texte ?
   - ☐ la femme du boulanger
   - ☐ le boulanger et la personne qui vend le pain
   - ☐ la personne qui a un diplôme de boulanger

2) Que signifie « *depuis une vingtaine d'années* » dans le texte ?
   - ☐ à partir de 1992
   - ☐ au cours des vingt dernières années
   - ☐ il y a environ vingt ans

Interview

Notre journaliste rencontre un boulanger, Motoki Itoh, qui nous parle de son métier.

🎤 Vous êtes resté en France pendant 12 ans. Quelle est la particularité de la boulangerie française ?

👤 En France, vous pouvez trouver dans les boulangeries non seulement du pain, mais aussi des gâteaux et des viennoiseries. Ce n'est pas le boulanger qui les fabrique. C'est étonnant, non ?

🎤 C'est-à-dire ?

👤 Ce sont les pâtissiers qui font les gâteaux et les touriers les viennoiseries. Celles-ci sont fabriquées à partir de pâtes différentes : une pâte à croissant pour le pain au chocolat par exemple, une pâte à brioche pour le Nanterre, une pâte levée pour le pain au lait. C'est le tourier qui s'en occupe, mais il arrive qu'on s'aide !

🎤 Comment avez-vous trouvé le pain de mie ?

👤 Franchement, il n'était pas aussi bon que le *shokupan* bien qu'il n'y ait pas de grande différence dans la fabrication. J'ai entendu dire que, dernièrement, quelques boulangeries fabriquent un bon pain de mie, en le nommant « *shokupan* » ou « pain de mie japonais ».

🎤 Je trouve que les baguettes japonaises ne sont pas pareilles qu'en France... Elles sont souvent molles... En France, la baguette devient dure le lendemain. Une recommandation de recette ?

👤 Le pain perdu est une bonne recette pour utiliser du pain rassis. Autrement, je vous propose de mouiller ce pain, de le réchauffer et de le manger en tartine ! Le tremper dans une soupe est une autre bonne idée.

Motoki Itoh（伊藤源喜）

京都出身。パリを中心にフランス在住 12 年を経て、2023 年、東京都あきる野市に薪窯パン屋 Compain（コンパン）を開業。

Vocabulaire

☐ viennoiserie 女 菓子パン、ヴィエノワズリー　※下記の説明参照。

☐ étonnant(e) 形 驚くべき、意外な　*cf*. étonner 他動 〜を驚かせる

☐ c'est-à-dire つまり、すなわち、〜と言うより

☐ tourier / tourière 名（生地を練る）製菓職人　※製パン業界の専門用語

☐ franchement 副 率直に、率直に言えば

☐ pareil(le) 形 同じ、似たような

☐ mou / molle 形 やわらかい、柔軟な

☐ pain perdu 男 パン・ペルデュ（フレンチトースト）

☐ rassis(e) 形 （パンなどが）固くなった（=dur(e)）

☐ mouiller 他動 〜を濡らす、湿らす

☐ tremper 他動 〜を液体に浸す、つける

※ **viennoiserie** は、クロワッサン生地の商品（pain au chocolat, pain aux raisins など）、ブリオッシュ生地の商品（brioche à tête, brioche Nanterre）、イーストを使った発酵生地にバターや砂糖、卵を加えたもの（pain au lait など）の総称。galette des rois や chausson aux pommes はイーストを使わないパイ生地（pâte feuilletée）なのでヴィエノワズリーに含めない。

la brioche à tête

la brioche Nanterre

Exercices

1 p.20 のインタビューを読み、答えましょう。

1) En France, qui prépare les produits suivants, vendus en boulangerie ?
   – Les tartes aux noix, c'est le .... qui les fait.
   – Les pains aux noix, c'est le .... qui les fabrique.
   – Les croissants aux amandes, c'est le .... qui les prépare.

2) Pour M. Itoh, comment est le *shokupan* si on le compare au pain de mie ?
   – Il est .... que le pain de mie.

3) Que faut-il faire avant de réchauffer du pain dur ?
   – Il faut .... !

2 p.20 のインタビューの中から該当する語や表現を見つけましょう。

1) « Qui prépare les sandwiches ? – Pierre .... »
2) « Comment as-tu trouvé ce pain au fromage ? – .... ? Mauvais ! »
3) « Que fait Luc ? – Il prépare la .... à pizza. »
4) « Quelle baguette préfères-tu ? La française ou la japonaise ?
   – Pour moi, il n'y a pas de .... »
5) « Quand est-ce que la boulangerie est fermée cet été ?
   – Du 3 au 24 août, ... trois semaines. »

3 それぞれふさわしい訳を選びましょう。

1) En France, une baguette devient molle quand le temps est humide.
   ⓐ フランスでは、時間がたつとバゲットは柔らかくなってしまう。
   ⓑ フランスでは、湿度が高いとバゲットが柔らかくなってしまう。
   ⓒ フランスでは、蒸し暑いとバケットは柔らかくなってしまう。

2) リサはある本の中にフレンチトーストのレシピを見つけた。
   ⓐ Lisa a trouvé la recette du pain perdu dans un livre.
   ⓑ Lisa a trouvé un livre avec la recette du pain perdu.
   ⓒ Lisa a perdu la recette du pain perdu, trouvée dans un livre.

p.16 テクストの訳　　もう少しパンはいかが？

　フランス人はだんだんパンを食べなくなっている（1900年にはひとりあたり年間390 kgだったが、今日では45kg）。現在、さまざまな新しいタイプのパンから選択することができる。全粒粉パン、パン・ド・カンパーニュ、穀物パン、グルテンフリーなどだ。しかし、依然として伝統的なバゲットが一番売れている。バゲットは家庭でもレストランでも、朝食、昼食、夕食の食卓に並ぶ。

　フランスで「パン屋」を開くにはパン職人の免許が必要で、パン生地をこね、発酵させ、形を整え、焼くという4つの工程を経たうえで、自分でパンを作ることができねばならない。「デポ・ドゥ・パン」（パン売り場）は、工場で作られた製品を販売しており、販売店まで運ぶために冷凍されることもある。

　2022年11月30日、バゲットは世界文化遺産に登録された。

　日本ではこの20年間、さまざまなパンの消費量が右肩上がりに伸びている。優秀な日本人のパン職人たちのおかげであり、彼らは多くの場合、フランスで修業を積んでいる。しかし、やわらかく軽い伝統的な食パンは、あいかわらず最も人気がある。

p.20 インタビューの訳

パン職人の伊藤源喜が自分の仕事について語ります。
―フランスに12年間いらしたそうですね。フランスのパン屋の特徴はなんですか？
―フランスのパン屋には、パンだけでなく、ケーキやヴィエノワズリーもあるのですが、それらを作っているのはパン職人じゃないんですよ。びっくりじゃないですか？
―とおっしゃいますと？
―ケーキはケーキ職人が、ヴィエノワズリーは製菓職人が作るんです。ヴィエノワズリーはそれぞれ異なる生地から作られます。たとえば、パン・オ・ショコラはクロワッサン生地から、ナンテールはブリオッシュ生地から、パン・オ・レは発酵生地から作られます。担当するのは製菓職人ですが、お互い助け合うことはありますよ！
―パン・ドゥ・ミについてはどう思われますか？
―正直、食パンほどはおいしいとは思いませんでした。作りかたはそんなに変わらないんですけどね。最近おいしいパン・ドゥ・ミを作る店も増えてきたと聞いています。「ショクパン」とか「パン・ドゥ・ミ・ジャポネ」と呼ぶそうです。
―私は、日本のバゲットはフランスのものとは違うと思います。もっとやわらかいことが多いです。フランスでは翌日には固くなってしまいますね…。お勧めのレシピはありますか？
―パン・ペルデュ（フレンチトースト）は固くなったパンを使うのに良いレシピですね。他には、パンを湿らせて、温め直してからタルティーヌとして食べるのがお勧めです。スープに浸して食べるのも良いアイデアですね。

3 Pays natal

Pour les Français, « pays natal » désigne le lieu de leur naissance, de leurs souvenirs de jeunesse. Lorsqu'ils rencontrent par hasard, dans la vie, une personne venant du même village, de la même région qu'eux, ils sont heureux de parler de

« pays natal »

lieux, de produits locaux, d'évènements qu'ils connaissent en commun. C'est un moment de complicité ! Dans une conversation avec un Étranger, l'expression indique généralement la France métropolitaine ou le territoire d'outre-mer d'où on vient.

Pour les Japonais, « *furusato* » ne signifie jamais le Japon, mais l'endroit où une personne est née, a grandi, où elle a des liens forts avec son histoire familiale. Une partie de sa famille ou de ses amis y habitent souvent encore. Chacun en parle avec joie, une grande émotion, parfois des larmes. La tradition est d'y retourner, une fois par an, pour rendre hommage à ses ancêtres. Le mot est si important qu'on le retrouve dans de nombreuses

« *furusato* »

chansons, poèmes, nouvelles, romans et films. Il fait partie intégrante de l'identité géographique, culturelle, mais surtout intérieure de chaque Japonais. Son sens est donc beaucoup plus profond que sa traduction en français.

あなたには故郷がありますか？ フランスの人たちにももちろん故郷はあります。ところが、フランスと日本、「故郷」を意味する言葉にはニュアンスの違いがあるようです。

Vocabulaire

- natal(e) 形 （そこで）生まれた　pays *natal* 生まれ故郷　→ p.26 Petit rappel
- naissance 女 誕生、出生　*cf.* naitre 自動 生まれる
- souvenir 男 思い出、記念品　*cf.* se souvenir de ... 代動 ～を思い出す
- jeunesse 女 （← jeune）青春時代
- rencontrer 他動 ～に出会う　*cf.* rencontre 女 出会い
- par hasard 偶然に
- région 女 地方、地域　*cf.* régional(e) 形 地方の
- produit 男 生産物　*cf.* produire 他動 ～を生産する
- évènement 男 出来事　→ p.26 Synonymes
- complicité 女 暗黙の合意、共犯　*cf.* complice 形 共犯の
- expression 女 言葉、表現　*cf.* exprimer 他動 ～を表す
- France métropolitaine 女 フランス本土
- territoire d'outre-mer 男 海外領土
- lien 男 絆、関係　*cf.* lier 他動 ～を結びつける　liaison 女 関係、結びつき
- familial(e) 形 （← famille）家族の　*cf.* familier / familière 形 慣れ親しまれた
- larme 女 涙　*larmes* de crocodile 嘘泣き
- tradition 女 伝統　*cf.* traditionnel(le) 形 伝統の　traditionnellement 副 伝統的に
- rendre hommage à ...　～に敬意を表する
- ancêtre 名 先祖 ⇔ descendant(e) 名 子孫
- nouvelle 女 中編小説　*cf.* conte 男 短編小説　roman 男 長編小説
- faire partie intégrante de ...　～の不可欠な一部となる
- identité 女 アイデンティティ、身分　*cf.* identifier 他動 ～の身元を確認する
- intérieur(e) 形 内部の　*cf.* intérieurement 副 内部で、心の中で
- profond(e) 形 深い　*cf.* profondément 副 深く
- traduction 女 翻訳　*cf.* traduire 他動 ～を翻訳する

Petit rappel

natal(e) を使った表現

Pour un Français, le ***pays natal*** de Takeshi est le Japon.
フランス人にとって、健志の故郷［故国］は日本である。

Martine rentre souvent dans sa ***région natale*** : la Bretagne.
マルティーヌはしばしば故郷［生まれた地域］のブルターニュに帰る。

Mike n'est jamais retourné dans sa ***ville natale*** : Denver.
マイクは故郷［生まれた街］のデンバーに戻ることは決してない。

Lee habite toujours son ***quartier natal***, dans la banlieue de Séoul.
リーは故郷［生まれた地区］であるソウルの郊外に相変わらず住んでいる。

Pedro est né dans cette maison. C'est sa ***maison natale***.
ペドロはこの家で生まれた。ここは彼の生家である。

Synonymes

évènement の類義語を理解し、語彙を広げましょう。

évènement 男 幅広い意味で出来事、事件

Le président français est en visite au Japon. C'est un ***évènement***.
フランス大統領が日本を訪問している。一大事だ。

catastrophe 女 非常に深刻な出来事、大惨事

« Dans mon pays natal, il y a eu une grande ***catastrophe*** aérienne en 1985. »
「私の故郷で、1985年に飛行機の大惨事があった」

accident 男 損害を伴う事件、事故

Il y a eu un ***accident*** de voiture tout à l'heure : deux blessés !
さっき交通事故があった。けが人が2人いたよ。

incident 男 重大ではない出来事、ハプニング

Pendant le mariage, il y a eu un ***incident*** : le chapeau de la mariée s'est envolé.
結婚式の最中ハプニングがあった。新婦の帽子が飛ばされた。

aventure 女 意外な驚くべき出来事、体験、冒険

Kôji a rencontré sa future femme dans le métro, à Paris ! Quelle ***aventure*** !
浩二はパリの地下鉄の中で未来の妻に出会った。なんてすごい出来事！

Comprendre

Vrai ou Faux ?

p.24 のテクストの内容と合っていれば V、間違っていれば F を書きましょう。

1) Pour un Français, l'expression « pays natal » désigne toujours la France. ( )
2) Deux Français qui viennent d'un même lieu sont contents d'en parler. ( )
3) Pour un Japonais, l'expression « pays natal » désigne toujours le Japon. ( )
4) Au Japon, la tradition est de retourner dans son pays natal chaque année. ( )
5) « *furusato* » et « pays natal » ont exactement le même sens. ( )

Choisissez la bonne réponse !

1 p.24 のテクストを読み、正しい答えを選びましょう。

1) À quelle période de la vie est généralement liée l'expression « *pays natal* » ?
   ☐ l'âge adulte.
   ☐ l'enfance et l'adolescence.
   ☐ la vieillesse.

2) Qu'est-ce qui relie le plus souvent un Japonais à son pays natal ?
   ☐ l'histoire du Japon.
   ☐ sa famille.
   ☐ son travail actuel.

3) Qu'est-ce que « *l'identité intérieure* » d'une personne ?
   ☐ les émotions et les souvenirs de cette personne.
   ☐ le nom, le prénom, l'âge et la profession de cette personne.
   ☐ toutes les personnes que connait cette personne.

2 p.24 のテクストを読み、それぞれが意味している内容を選びましょう。

1) Que signifie « en » dans la phrase « *Chacun en parle avec joie …* » ?
   ☐ de sa famille
   ☐ de son histoire familiale
   ☐ de son pays natal

2) Que signifie « le » dans la phrase « *qu'on le retrouve …* » ?
   ☐ l'ancêtre
   ☐ le mot
   ☐ le pays natal

Interview

Tatsuya, chanteur, répond aux questions d'une animatrice radio.

- 🎤 Vous avez écrit une chanson dont le titre est « *Furusato* ». À quelle occasion ?
- 🙂 Pendant la pandémie de la COVID, c'était difficile de sortir. J'étais isolé. Je ne voyais personne. J'ai ressenti très fortement la nostalgie de mon pays natal.
- 🎤 Où est-ce ?
- 🙂 Asago, dans la préfecture de Hyogo. Cela signifie « la ville où vient le matin ». C'est un joli nom, n'est-ce pas ?
- 🎤 Oui, très poétique.
- 🙂 Les ruines du château de Takeda sont proches. Elles sont parfois entourées de nuages. C'est tout simplement magnifique. J'ai beaucoup de souvenirs de mon enfance là-bas.
- 🎤 Comme par exemple ?
- 🙂 J'avais trois ans. Mon père a enlevé les roulettes de mon vélo d'enfant, puis il m'a poussé légèrement et je suis parti, sur deux roues. Je n'oublierai jamais le beau sourire de ma mère à ce moment-là. J'ai eu aussi un sentiment de liberté très fort. Ces émotions reviennent quand je pense à Asago. Les paroles de ma chanson racontent un peu tout ça.
- 🎤 Vous retournez souvent dans votre pays natal ?
- 🙂 Hélas non. Mais cet endroit est dans mon cœur, pour toujours.

Tatsuya

兵庫県朝来市出身のシンガーソングライター。2016年からプロとして活動を始め、繊細かつ力強いハイトーンヴォイスで、世界に向けて愛を歌い続ける。

Vocabulaire

- titre 男 タイトル、題名　cf. sous-titre 男 字幕
- occasion 女 機会、チャンス　cf. occasionnel(le) 形 偶然の
- pandémie 女 流行病、伝染病の大流行
- isolé(e) 形 孤立した、他のものと離れた、ひとりきりの、孤独な
- ressentir 他動 ～を感じる、強く感じとる、感情を抱く
- fortement 副 強く、力を込めて、激しく、非常に、強烈に
- nostalgie 女 郷愁、望郷、ノスタルジー
- signifier 他動 ～を意味する、示す、表す、物語る
- poétique 形 詩の、詩的な　cf. poème 男 詩
- ruine 女 廃墟、瓦礫、遺跡
- entouré(e) 形 de ... ～に囲まれた
- roulette (vélo à roulettes) 女 補助輪付自転車
- roue 女 車輪
- liberté 女 自由　cf. libre 形 自由な
- paroles 女〔複数形で〕歌詞　※単数形 une parole は言葉、発言
- être dans le cœur de ... ～の心の中にある

un vélo à roulettes

Exercices

1 p.28 のインタビューを読み、正しい答えを選びましょう。

1) Pourquoi Tatsuya a-t-il écrit une chanson sur son pays natal ?
   - ☐ parce qu'il a été malade pendant la pandémie.
   - ☐ parce qu'il y est resté pendant toute la pandémie.
   - ☐ parce qu'il se sentait seul pendant la pandémie.

2) Qu'est-ce que racontent les paroles de la chanson de Tatsuya ?
   - ☐ des moments heureux, à Asago, quand il était petit.
   - ☐ ses problèmes quand il habitait à Asago.
   - ☐ un voyage retour à Asago.

3) Tatsuya rentre-t-il souvent dans son pays natal ?
   - ☐ Non, mais ce n'est pas important pour lui.
   - ☐ Non, mais il le regrette.
   - ☐ Non, il n'y pense presque jamais.

2 p.28 のインタビューの中から該当する語を見つけましょう。

1) « Le château de ce village est en .... » dit un guide.
2) « Je connais par cœur les .... de cette chanson. » dit Luc.
3) « J'ai la .... de ma vie en France. » dit Anne qui vit au Japon.
4) « Quel est le .... du film que tu regardes ? » demande Théo à Anna.
5) « Que .... ce kanji ? » demande Elsa à Mayumi.
6) « Ces .... annoncent la pluie. » dit le journaliste qui présente la météo.
7) « Le .... de Mona Lisa est mystérieux. » dit un touriste visitant le Louvre.
8) Un monocycle est un vélo avec une seule ....

3 日本語と同じ意味を表すフランス語を選びましょう。

ケンは年に 2 回、子供たちと故郷に帰る。

ⓐ Ken retourne dans son pays natal une fois tous les 2 ans, avec ses enfants.
ⓑ Ken retourne dans son pays natal chaque année, avec ses deux enfants.
ⓒ Ken retourne dans son pays natal deux fois par an, avec ses enfants.

p.24 テキストの訳　　生まれ故郷

　フランス人にとって、pays natal（生まれ故郷）は、自分の出生地、青春時代の記憶を指す。同じ村や地域の出身者に偶然出会うと、彼らはお互いが知っている場所や特産品、行事について話して喜ぶ。共犯の瞬間だ！（ところが）外国人との会話では、この２語は一般的に、出身地がフランス本土か、あるいは海外領土かを指す。

　日本人にとっての「ふるさと」は、決して日本を意味するのではない。その人が生まれ育った場所を意味し、家族の歴史と強く結びついている。家族や友人の何人かは、今でもそこに住んでいることが多い。誰もが、喜びながら、感動しながら、ときには涙を流してふるさとを語る。年に一度、先祖に敬意を表するためにふるさとに戻る慣習がある。この（「ふるさと」という）ことばはとても大切で、多くの歌、詩、短編小説、小説、映画に登場する。日本人一人ひとりの地理的、文化的、そして何よりも内面的アイデンティティの重要な一部なのだ。したがって、その意味はフランス語訳よりもはるかに深い。

p.28 インタビューの訳

歌手の Tatsuya が、ラジオの司会者のインタビューに答えます。
―『ふるさと』というタイトルの曲を書かれましたね。どんなきっかけでしたか？
―新型コロナウイルス禍の期間中は、外出することが難しかった。僕は孤立していました。誰にも会えませんでした。生まれ故郷への郷愁をとても強くかきたてられました。
―（故郷は）どちらですか？
―兵庫県の朝来です。「朝が来る街」という意味です。素敵な名前でしょう？
―はい、とても詩的ですね。
―近くに竹田城址があります。そこはときどき、雲海に包まれます。ただただすばらしいんです。朝来には子ども時代の思い出がたくさんあります。
―たとえばどのような？
―僕が３歳のときでした。父が僕の補助付自転車から補助輪をはずして、そっと押してくれました。僕は二輪の自転車で走り出したのです。そのときの母の美しい笑顔を忘れることはないでしょう。自由だという思いも非常に強くもちました。朝来のことを考えると、このような気持ちがよみがえります。僕の歌の歌詞はそんな感じのことを語っています。
―故郷にはたびたび帰られるのですか？
―残念ながら、そうではありません。でもあの場所はこれからもずっと僕の心の中にあります。

4 De bons compagnons !

La France compte près de 68 millions d'habitants et 80 millions d'animaux de compagnie. Les plus nombreux sont les oiseaux (près de 26 millions). Leur chant joyeux fait diminuer le stress, surtout pour les personnes qui vivent seules. Les chats

des oiseaux

(15 millions) ont un charme particulier : ils sont espiègles, indépendants, apaisants pour les personnes qui ont besoin de calme. Les chiens (13 millions) aiment jouer et se promener. Ils sont énergiques, affectueux et sont souvent considérés comme des membres de la famille. D'autres personnes préfèrent les petits mammifères (3,3 millions), comme les hamsters, les souris blanches ou… les serpents. Tous ces animaux, étranges ou non, méritent, en retour, de l'attention, de l'amour et des soins. Posséder un animal domestique demande d'être responsable !

Mais quand arrivent les départs en vacances d'été, il n'est pas rare de trouver un chien attaché à un arbre le long d'une route nationale, un chat abandonné sur un parking d'autoroute, des poissons exotiques dans un ruisseau… La *Société protectrice des animaux* (SPA) recueille ces animaux, afin de leur offrir une nouvelle vie. De bons compagnons, oui, sauf en été ?

un hamster

une souris blanche

un serpent

フランスではペットとしてどんな動物が人気があるのでしょうか。日本と違いがあるのでしょうか。フランスでは毎年夏になると、困った問題が発生するようです。

Vocabulaire

- compagnon / compagne, compagnonne 名 仲間
- animal de compagnie 男 ペット → p.34 *Petit rappel*
- joyeux / joyeuse 形 陽気な、楽しい
  〔名詞の前で〕喜ばしい、めでたい　*Joyeux* anniversaire ! 誕生日おめでとう。
- diminuer 他動 (= baisser) 〜を減らす　自動 減る　*cf.* diminution 女 減少
- charme 男 魅力　*cf.* charmant(e) 形 すてきな　charmer 他動 〜を魅了する
- particulier / particulière 形 特別な、独特な　*cf.* particulièrement 副 特に
- espiègle 形 やんちゃな、いたずらな
- indépendant(e) 形 独立した　*cf.* indépendance 女 自立
- apaisant(e) 形 気持ちをやわらげる　*cf.* apaiser 他動 〜を落ち着かせる
- avoir besoin de ... 〜を必要とする
- énergique 形 精力的な、強力な　*cf.* énergie 女 力、エネルギー
- affectueux / affectueuse 形 愛情深い、人なつっこい　*cf.* affection 女 愛情
- être considéré(e) comme ... 〜とみなされる
- mammifère 男 哺乳類の動物　〔複数形で〕哺乳類
- étrange 形 奇妙な、風変わりな
- mériter 他動 〜に値する　*cf.* mérite 男 功績、長所
- en retour de ... 〜の代わりに、お返しに
- soin 男〔複数形で〕世話、治療　*cf.* soigner 他動 〜の世話、治療をする
- responsable 形 責任がある　*cf.* responsabilité 女 責任
- attaché(e) 形 つながれた　*cf.* attacher 他動 〜を縛る
- abandonné(e) 形 捨てられた　*cf.* abandonner 他動 〜を捨てる
- exotique 形 外来の、異国的な　*cf.* exotisme 男 異国情緒
- ruisseau 男 小川　→ p.34 *Synonymes*
- recueillir 他動 〜を集める、引き取る

Petit rappel

動物の種別に関する表現を覚えましょう。

animal de compagnie：ペット（*ex.* chat 男 ネコ）
animal domestique：家畜（*ex.* poney 男 ポニー）
animal fantastique：架空の動物（*ex.* dragon 男 ドラゴン）
animal aquatique：水棲動物（*ex.* phoque 男 アザラシ）
 À l'aquarium, on peut voir des ***animaux aquatiques***.
  水族館では水棲動物を見ることができる。
animal de la ferme：農家の動物（*ex.* cochon 男 ブタ）
 L'***animal de la ferme*** le plus nombreux, c'est la vache.
  農家の動物で最も多いのは牛である。
animal marin：海洋動物（*ex.* baleine 女 クジラ）
 Certains ***animaux marins*** sont en danger de disparition.
  海洋動物のいくつかは絶滅の危機にある。
animal sauvage：野生動物（*ex.* lion 男 ライオン）
 Un ***animal sauvage*** ne devrait jamais vivre dans un zoo !
  野生動物は絶対に動物園で暮らすべきではないだろう！

Synonymes

ruisseau の類義語を理解し、語彙を広げましょう。

ruisseau 男：小川
 Un ***ruisseau*** traverse le parc.
  小川が公園の中を流れている。
rivière 女：他の河川へ注ぐ川
 Une ***rivière*** est un cours d'eau qui se jette dans un autre cours d'eau.
  「rivière」とは他の河川に注ぐ川である。
fleuve 男：海へ注ぐ河
 La Loire est le plus long ***fleuve*** de la France et se jette dans l'océan Atlantique.
  ロワール河はフランスで一番長い河で大西洋に注いでいる。
cours d'eau 男：水の流れ、総称的に河川
 La source de ce ***cours d'eau*** n'est pas loin d'ici.
  この川の水源はここから遠くない。

Comprendre

Vrai ou Faux ?

p.32 のテクストの内容と合っていればV、間違っていればFを書きましょう。

1) Il y a plus d'animaux de compagnie que de Français(e)s en France. ( )
2) Les chats sont des animaux qui aiment leur liberté. ( )
3) Les chiens sont joueurs. ( )
4) Les hamsters, les souris et les serpents n'ont pas besoin d'affection. ( )
5) En été, avoir un animal domestique est un problème pour certains. ( )

Choisissez la bonne réponse !

[1] p.32 のテクストを読み、正しい答えを選びましょう。

1) À qui les oiseaux apportent-ils du calme ?
   ☐ aux personnes âgées.
   ☐ aux personnes qui n'ont pas d'enfant.
   ☐ aux personnes solitaires.

2) Comment doit être la/le propriétaire d'un animal de compagnie ?
   ☐ Elle/Il doit bien faire attention à son animal, sauf en été.
   ☐ Elle/Il doit être sérieux et prendre soin de son animal.
   ☐ Elle/Il doit seulement lui donner à manger et le promener.

3) Quand est-ce que des personnes abandonnent leur animal le plus souvent ?
   ☐ avant les fêtes de fin d'année.
   ☐ en mai et juin.
   ☐ pendant la période estivale.

[2] p.32 のテクストを読み、それぞれが意味している内容を選びましょう。

1) Que signifie « *il n'est pas rare …* » dans le texte ?
   ☐ cela arrive (mais pas très souvent)
   ☐ cela arrive souvent
   ☐ cela n'arrive jamais

2) Que signifie « *leur* » dans la phrase « *de leur offrir une nouvelle vie* » ?
   ☐ les animaux de compagnie (abandonnés)
   ☐ les personnes qui travaillent à la SPA
   ☐ les poissons exotiques

Interview

Julie est bénévole pour une organisation de défense des animaux. Elle en parle avec notre reporter.

- 🎤 Vous êtes membre du Japan Cat Network International. Rencontrez-vous des difficultés dans vos démarches ?
- 🙂 Oui, en tant qu'étrangère, c'est compliqué. Cependant, j'ai le soutien de mes abonnés sur les réseaux sociaux et je reçois parfois des dons pour les frais vétérinaires.
- 🎤 Des problèmes spécifiques au Japon ?
- 🙂 Les chiens sont habillés comme des poupées, même en été ! Les chats ne sont pas autorisés dans de nombreux appartements. Les animaux sont mis en cage quand leurs propriétaires s'absentent durant la journée…
- 🎤 Dans les animaleries aussi.
- 🙂 Hélas ! Les chiots et les chatons sont souvent séparés de leur mère trop tôt. Ils sont seuls dans leur cage. Cela cause des problèmes de comportement et de socialisation.
- 🎤 Que pensez-vous de l'euthanasie des animaux ?
- 🙂 Pour moi, c'est parfois nécessaire pour mettre fin à la souffrance. C'est une pratique réglementée, mais courante en France. Mais pour certains vétos japonais, c'est un acte trop cruel.
- 🎤 Un exemple de vos activités ?
- 🙂 J'ai aidé le JCNI à sauver des chats persans maltraités dans un élevage malhonnête. C'était l'horreur ! Je suis absolument contre les animaleries !

Julie B.（ジュリー・B）

日本在住 9 年。フリーランスで観光アドバイザーとして働くかたわら、NPO 法人 Japan Cat Network International にてボランティアで猫の保護活動に取り組む。

Vocabulaire

- bénévole 形 ボランティアの、無報酬の　名 ボランティア
- démarche 女 足取り、進め方、過程、（ある目的のための）奔走、運動
- soutien 男 支持、支援、支援者　*cf.* soutenir 他動 支える、支援する
- abonné(e) 名 予約購読者、定期会員、定期利用者
- don 男 与えること、寄付、贈り物
- vétérinaire 名 獣医、動物病院　※ véto（下から 5 行目）は話し言葉
- spécifique 形 固有の、特有の、特殊な
- autorisé(e) 形 許可された　*cf.* autoriser 他動 〜を許可する
- animalerie 女 動物飼育場、ペットショップ
- chiot 名 子犬（雄雌とも同じ）
- chaton(ne) 名 子猫
- comportement 男 行動、振る舞い
- socialisation 女 社会化　*cf.* social(e) 形 社会の　société 女 社会
- euthanasie 女 安楽死
- courant(e) 形 現在の、目下の、流通している、普通の、日常の
- cruel(le) 形 残酷な
- élevage 男 飼育　*cf.* élever 他動 〜を育てる
- malhonnête 形 不正直な、不誠実な

Exercices

1 p.36 のインタビューを読み、Julie の考えと一致するものを選びましょう。答えは複数あります。

☐ « Défendre les animaux, au Japon, ce n'est pas très difficile ! »

☐ « Personne ne soutient mon travail de défense des animaux ! »

☐ « Les frais de vétérinaire sont trop chers au Japon. »

☐ « Les animaux habillés comme des poupées, c'est trop mignon ! »

☐ « Il ne faut pas séparer les chiots ou les chatons de leur maman. »

☐ « Euthanasier un animal est parfois nécessaire. »

☐ « Les animaleries sont un bon endroit pour acheter un animal. »

2 p.36 のインタビューの中から該当する語を見つけましょう。

1) « Mon père fait souvent un .... à l'UNICEF. » dit Léa.

2) « Mes oiseaux vivent en .... » dit Alain.

3) « Mon fils a parfois un mauvais .... à l'école ! » dit une maman.

4) « Pour avoir un visa d'étudiant, il faut faire beaucoup de .... ! » dit Noah.

5) « La .... des enfants par l'école, c'est important ! » dit un médecin.

6) « J'ai plus de 1000 .... ! » dit un youtubeur.

7) « J'ai un .... de poules. » dit un fermier.

3 それぞれふさわしい訳を選びましょう。

1) Euthanasier un animal est un acte difficile à accepter.
   - ⓐ 動物を安楽死させることは受け入れ難い行為である。
   - ⓑ 動物を安楽死させる行為は難しいので受け入れられない。
   - ⓒ 動物は安楽死という行為を受け入れることが困難である。

2) 「檻の中で暮らすのは、犬にとって悲しいことだ」と隣人が言う。
   - ⓐ « Le chien de mon voisin vit dans une cage et c'est très triste. »
   - ⓑ « Mon voisin est très triste car son chien vit dans une cage. »
   - ⓒ « Vivre dans une cage, c'est triste pour un chien. » dit mon voisin.

p.32 テキストの訳　　よき仲間たち！

　フランスには約6800万人の住民と8000万のペットがいる。最も多いのは鳥（約2600万羽）である。鳥たちの心地良いさえずりは、ストレスを軽減する。特にひとり暮らしの人にとっては。猫（1,500万匹）には特別な魅力がある。やんちゃで独立心が強く、穏やかさを必要とする人々の心を落ち着かせる。犬（1,300万匹）は遊んだり散歩したりするのが大好きだ。活発で人なつっこく、家族の一員とみなされることがよくある。ハムスター、白色ハツカネズミ、ヘビなどの小型哺乳類を好む人（330万人）もいる。これらの動物たちはすべて、奇妙であろうがなかろうが、注目され、愛情を注がれ、世話をされるに値する。ペットを飼うということは、責任をもつということだ！

　しかし、夏休みが始まると、国道沿いの木につながれた犬、高速道路の駐車場に捨てられた猫、小川の中の外来魚…といった光景が珍しくなくなる。動物保護協会（SPA）は、新たな生活を与えるためにこれらの動物を引き取っている。いい仲間だ、そう、夏を除いては。

p.36 インタビューの訳

ジュリーは動物保護のNPO法人でボランティアをしています。私たちにその活動について語ります。

—あなたはJapan Cat Network Internationalのメンバーですね。活動する中で困難に直面することはありますか？

—はい、外国人であるということでやはり複雑ですね。でも、SNSのフォロワーたちに支えられ、ときには動物病院の費用を寄付してもらうこともあります。

—日本特有の問題はありますか？

—夏ですら犬が洋服を着せられていること！　猫禁止のマンションが多いこと。飼い主が日中不在の間中、動物たちがケージに入れられていること…。

—ペットショップでもそうですね。

—ああ！　子犬や子猫は母親から引き離されるのが早すぎることがよくあります。ケージにひとりぼっち。そのせいで問題行動や社会性の問題が引き起こされるのです。

—動物に対する安楽死についてはどうお考えですか？

—私は、苦しみを終わらせるためには必要な場合もあると思います。フランスでは、規制はされているけれど一般的な方法です。けれども日本の一部の獣医にとっては、残酷すぎる行為になるようです。

—あなたの活動例を教えてください。

—悪徳ブリーダーのもとで虐待されていたペルシャ猫たちを救い出すためにJCNIのお手伝いをしたことがあります。本当にひどかったんです！　ペットショップには私は絶対に反対です！

5 Destination Japon (1)

Les Français sont de plus en plus nombreux à venir en voyage au Japon. Ils sont attirés par les images contraires de ce pays : des villes et quartiers ultra-modernes où la vie ne semble jamais s'arrêter, et des lieux calmes comme les temples, les jardins, la campagne. Les Français s'étonnent du mélange de traditions et de modernité un peu partout.

Le Mont Fuji, haut lieu touristique

Ils découvrent la gentillesse des gens, qui proposent facilement d'aider les touristes perdus. Ils aiment pouvoir se promener en toute sécurité, même tard le soir. Ils apprécient les toilettes publiques très nombreuses et si propres. Ils adorent les magasins de proximité ouverts 24 h sur 24. C'est si pratique !

Ils sont agréablement surpris par la variété de la cuisine japonaise. S'ils connaissent bien les sushis, ils goutent avec bonheur à d'autres plats : les « tout ce que tu aimes », les nouilles de sarrasin, les raviolis japonais, les brochettes de viande caramélisées… Le choix est tellement riche !

Ce n'est pas un hasard si plus de la moitié des touristes français ayant visité le Japon déclarent vouloir y revenir dès que possible !

les « tout ce que tu aimes »

les raviolis japonais

les brochettes de viande caramélisées

コロナ禍が収束し、来日する外国人観光客の数は以前の水準に戻ってきました。日本を訪れるフランス人は、この国のどこに魅力を感じているのでしょうか。

Vocabulaire

- destination 女 目的地　à *destination* de + 場所　〜行きの
- nombreux / nombreuse 形 多くの　*cf.* nombre 男 数
- attirer 他動 〜を引きつける　*cf.* être *attiré*(e) par ...　〜に引きつけられる
- contraire 形 反対の　男 反対、反意語
- ultra-moderne 形 超近代的な、最先端の　※ ultra- は「超〜」の意
- s'arrêter 代動 とどまる　s'arrêter de + 不定詞　〜するのをやめる
- lieu 男 場所　haut *lieu* de ...　〜で有名な場所
- s'étonner 代動 de ...（〜に）驚く　*cf.* étonnant(e) 形 驚くべき
- mélange 男 混合　*cf.* mélanger 他動 〜を混ぜる
- modernité 女 近代性、現代性　*cf.* moderne 形 現代的な
- partout 副 至る所に　un peu *partout* あちこちに
- gentillesse 女 親切、優しさ　*cf.* gentil(le) 形 優しい、親切な
- perdu(e) 形 道に迷った、なくした　*cf.* perdre 他動 〜をなくす
- apprécier 他動 〜を高く評価する　*cf.* appréciation 女 評価
- toilettes publiques 女〔複数形〕公衆トイレ　→ p.42　**Petit rappel**
- proximité 女 近いこと、近接　magasain de *proximité* コンビニエンスストア
- agréablement 副 楽しく、心地よく　*cf.* agréable 形 快い
- surpris(e) 形 驚いた　*cf.* surprise 女 驚き　surprendre 他動 〜を驚かせる
- variété 女 多様性　*cf.* varier 自動 変化する
- gouter 他動 味わう、賞味する
- avec bonheur 楽しく
- nouilles de sarrasin 女〔複数形〕そば
- caramélisé(e) 形 きつね色に炒めた、焼いて焦げ色をつけた
- tellement 副 とても
- riche 形 豊富な、裕福な
- moitié 女 半分、2分の1　*cf.* demi(e) 名 半分
- dès que ...　〜するやいなや

> **Petit rappel**

toilette ou toilettes ?

toilette にはさまざまな意味があります。代表的な意味を見てみましょう。

① 洗うこと

Kenzo fait sa *toilette* dans la salle de bain.
> 賢三はお風呂で体を洗う。

② 女性の服飾全般

Anna a choisi une jolie *toilette* pour sortir en ville.
> アンナは街に出かけるために素敵な衣装を選んだ。

③ トイレ（常に複数）

Les *toilettes* sont au fond du couloir.
> トイレは廊下の奥です。

代名詞 y の位置

代名詞 y の位置について、確認しておきましょう。

・単純時制では、肯定文／否定文にかかわらず動詞の前。

« Tu vas à Shinjuku ? – Oui, j'*y* vais ce soir avec des amis. »
> 「新宿に行くの？」「うん、今夜友だちと行くんだ」

・複合過去では、肯定文／否定文にかかわらず助動詞の前。

« Tu es déjà allé à Sapporo ? – Non, je n'*y* suis jamais allé. »
> 「札幌に行ったことある？」「いや、一度もない」

・〈aller / vouloir / pouvoir ＋不定詞〉のように動詞が 2 つある場合は、肯定文／否定文にかかわらず不定詞の前（p.40 のテクスト最終行を参照）。

« Tu ne peux pas aller à Nagasaki ? – Si, je peux *y* aller si tu veux. »
> 「長崎に行けないの？」「いや、君が望むなら行くよ」

・命令文は、肯定文では動詞のあと、否定文では動詞の前。

« On va à Arashiyama ? – Oui, allons-*y* ! »
> 「嵐山へ行く？」「うん、行こうよ」

« On va à Arashiyama ? – Non, n'*y* allons pas, il y a trop de touristes ! »
> 「嵐山へ行く？」「いや、行かないよ、観光客が多すぎるから」

・aller の未来形の前では、y は使えない。

« Tu iras à Okinawa cet hiver ? – Oui, j'irai à Noël. »
> 「この冬、沖縄に行くの？」「うん、クリスマスにね」

Comprendre

Vrai ou Faux ?

p.40 のテクストの内容と合っていれば V、間違っていれば F を書きましょう。

1) Les touristes français aiment seulement le Japon traditionnel.   (   )
2) Les touristes français trouvent les Japonais peu sympathiques.   (   )
3) La propreté des toilettes japonaises est une bonne surprise pour eux.   (   )
4) Les touristes français sont heureux de découvrir la cuisine japonaise locale. (   )
5) Environ 45 % des touristes français veulent revenir au Japon.   (   )

Choisissez la bonne réponse !

1 p.40 のテクストを読み、正しい答えを選びましょう。

1) Pourquoi les touristes français sont-ils étonnés par le Japon ?
   ☐ parce qu'il y a beaucoup de temples.
   ☐ parce que c'est un pays très moderne.
   ☐ parce que le Japon est un pays traditionnel, mais aussi moderne.

2) Quand est-ce que les touristes français se sentent en sécurité au Japon ?
   ☐ pendant la journée seulement.
   ☐ quand ils sont rentrés à leur hôtel, le soir.
   ☐ tout le temps.

3) Que connaissent les Français de la cuisine japonaise avant de venir au Japon ?
   ☐ les sobas.
   ☐ les sushis.
   ☐ les yakitoris.

2 p.40 のテクストを読み、それぞれが意味している内容を選びましょう。

1) Que signifie « *qui* » dans la phrase « *la gentillesse des gens, qui proposent …* » ?
   ☐ la gentillesse
   ☐ les gens
   ☐ les touristes français

2) Que signifie « *y* » dans la phrase « *déclarent vouloir y revenir…* » ?
   ☐ en France
   ☐ au Japon
   ☐ dans les restaurants japonais

Interview

Notre reportrice a rencontré Anna, cheffe de bord dans une compagnie aérienne et qui vient très souvent au Japon.

🎤 C'est votre première visite à Kyoto ?

🧑 Oh non, j'y suis venue une dizaine de fois.

🎤 Pour quelle raison voyagez-vous si souvent dans l'Archipel ?

🧑 Pour mon métier. Je travaille souvent sur des vols pour Narita ou pour l'aéroport du Kansaï. Mais j'y séjourne aussi pendant mes congés. J'ai visité le Japon du nord au sud.

🎤 Qu'est-ce qui vous attire ici ?

🧑 Tout ! J'adore la simplicité des habitants, leur politesse, leurs sourires, mais aussi la variété des paysages naturels : les champs de lavande de Hokkaido, les forêts de bambous de Takedera, les paysages tropicaux d'Okinawa, les rizières en terrasses à Mie, les côtes de la mer du Japon, les sources d'eau chaude un peu partout !

🎤 Quel endroit vous a le plus marqué jusqu'à aujourd'hui ?

🧑 Il y en a deux ! J'ai pleuré très longtemps, après avoir visité le Musée du mémorial de la Paix à Hiroshima. Il ne faut rien oublier du passé ! Autre souvenir plus gai : je serais bien restée toute ma vie sur la petite ile de Kohama : peu de circulation, peu de monde, l'océan, des plages de sable fin, de l'air pur ! C'est le paradis sur terre !

🎤 Prochaine destination au Japon ?

🧑 Yanagawa, la petite Venise japonaise ! Au printemps prochain, j'espère !

Plage de sable fin, ile de Kohama

Anna T.（アンナ・T）

ヨーロッパの某航空会社勤務。長距離線のチーフ・キャビンアテンダントとして世界中を飛び回る。フランス語、英語のほか、日本語も堪能なトリリンガル。日本語はパリのINALCO（東洋文化学院）で習得した。

Vocabulaire

- reporteur / reportrice 名 記者、レポーター
- chef(fe) de bord 名　客室乗務員
- compagnie 女 仲間、団体、会社、劇団　*compagnie* aérienne 航空会社
- dizaine 女 10、10個
  une *dizaine* de... およそ10の〜
- métier 男 職業、仕事（= profession, travail）
- vol 男 飛行、フライト　cf. voler 自動 飛ぶ、飛行する
- séjourner 自動 滞在する、逗留する
  cf. séjour 男 滞在、逗留、滞在期間
- congé 男 休暇、休み　*congés* payés 有給休暇
- simplicité 女 素朴さ、単純さ、質素
- politesse 女 礼儀、礼儀正しさ
- lavande 女 ラベンダー
- tropical(e) 形 熱帯（地方）の
- rizière 女 稲作地、稲田、水田
  cf. riziculteur / rizicultrice 名 稲作農家
- source 女 泉、源、産地　*source* d'eau chaude [thermale] 温泉
- marqué(e) 形 痕跡のある、目立った、顕著な
- mémorial 男 記念碑　cf. mémoire 女 記憶
- circulation 女 交通、（液体・気体の）循環
- océan 男 大洋、大海、海洋　*océan* Pacifique 太平洋
- plage 女 浜辺、海岸
- paradis 男 天国、楽園

les champs de lavande

les rizières en terrasses

Exercices

1 p.44 のインタビューを読み、正しい答えを選びましょう。

1) Combien de fois Anna est-elle venue à Kyoto ?

☐ environ dix fois.

☐ moins de dix fois.

☐ plus de dix fois.

2) Que pense-t-elle des Japonais ?

☐ Elle est très négative vis-à-vis d'eux.

☐ Elle est très positive vis-à-vis d'eux.

☐ Elle ne sait pas bien.

3) Comment était-elle après sa visite du musée à Hiroshima ?

☐ assez émue.

☐ très gaie : c'était intéressant pour elle.

☐ très triste.

2 p.44 のインタビューの中から該当する語を見つけましょう。

1) « J'aime beaucoup le parfum de la .... » dit Anna.

2) « Je serai en .... du 7 au 16 novembre. » dit un pilote.

3) « Il y a beaucoup de .... sur l'autoroute. » dit un policier.

4) « Dans ce ...., je vais faire du blé. » dit un agriculteur.

5) « Allons à la .... Je voudrais dormir au soleil. » dit un touriste.

6) « Mon .... ? Je suis steward à Air France. » dit Franck, un ami d'Anna.

7) « La .... est importante pour nos passagers. » explique Anna.

8) « Le vol à .... de Paris partira de la porte 36. » [annonce]

9) « Nous allons souvent sur la .... d'Azur, près de Nice. » dit Rayane.

3 日本語と同じ意味を表すフランス語を選びましょう。

もし君が大丈夫なら、次回は歩いて四国を一周する。

ⓐ « Si tout va bien, nous ferons le tour de l'ile de Shikoku à pied prochainement. »

ⓑ « Si tu vas bien, nous ferons le tour de l'ile de Shikoku à pied prochainement. »

ⓒ « Si tu veux bien, nous ferons le tour de l'ile de Shikoku à pied prochainement. »

p.40 テクストの訳　　日本へ（1）

　日本に旅行に来るフランス人はますます増えている。彼らはこの国の対照的なイメージに惹かれている。日常生活が決して止まることのないような最先端の都市や地区と、寺院や庭園、田園のような静かな場所。いたるところで伝統と現代性が混在していることにフランス人たちは驚く。

　彼らは、道に迷った観光客を気軽に助けてくれる人々の優しさを知る。夜遅くでも安全に歩き回わることができることが気に入っている。公衆トイレの数が多く、とても清潔なことを高く評価している。24時間営業の近所のお店（コンビニエンスストア）が大好き。とても実用的だ！

　彼らは日本料理の多様性に驚嘆している。寿司をよく知っている人は、他の料理を喜んで味わう。お好み焼き、そば、日本の餃子、焼き鳥…。選択肢は本当に多い。

　日本を訪れたフランス人観光客の半数以上が「できるだけ早くまた来たい」と答えているのは偶然ではない！

p.44 インタビューの訳

レポーターが、航空会社の客室乗務員であるアンナに会いました。彼女は日本にとても頻繁に来ています。
―京都にいらっしゃるのはこれが初めてですか？
―いいえ、10回ぐらい来ています。
―よく日本を旅行されるのは、どんな理由があるのですか？
―仕事のためです。成田や関西空港行きの飛行機によく乗務します。でも、休暇中にも滞在しますよ。日本の北から南まで訪れました。
―日本ではどんなものに惹かれますか？
―全部です！　住んでいる人たちの飾り気のなさや礼儀正しいところ、笑顔が大好きですが、自然の景色の豊さもです。北海道のラベンダー畑、竹寺の竹林、沖縄の南国らしい景色、三重の棚田、日本海沿岸、あちこちにある温泉！
―今までで一番印象的だった場所はどこですか？
―2ヶ所あります！　広島の平和記念資料館を訪れたあとは、ずいぶん長い間、涙が止まりませんでした。過去のことは何ひとつ、決して忘れてはいけません！　もっと明るい他の思い出でいえば、小浜島にずっといられたらなぁと思います。車が少なくて、人も少なくて、海があって、サラサラの砂浜にきれいな空気！　地上の楽園です！
―次は日本のどちらに？
―日本の小ヴェネツィア、柳川です！　次の春にでも行けたらなと思っています！

6 Balade en sous-sol

Chacun sait les qualités des transports urbains au Japon : ils sont ponctuels, modernes, propres. Chacun connait aussi les défauts du métro parisien : odeurs désagréables, grèves, pannes. Mais si vous n'aimez pas trop marcher, alors privilégiez ce moyen de transport dans la capitale. Les 16 lignes souterraines et en partie aériennes vous emmèneront rapidement à votre destination. Aucun lieu important de la capitale n'est à plus de 500 mètres d'une bouche de métro.

une bouche de métro

Certaines sont très jolies, notamment celles imaginées par l'architecte de l'Art déco, Hector Guimard, en 1900. D'autres sont plus modernes ou étonnantes : « Place Monge » en pierres de taille, « Vanneau » située dans un immeuble, « Lamarck-Caulaincourt » près des célèbres escaliers du quartier de Montmartre. Plus récemment, le très moderne « kiosque des noctambules » imaginé pour fêter, en 2000, le centenaire du métro, permet d'entrer à « Palais Royal - Musée du Louvre ».

une station de métro

Prendre le métro, c'est aussi l'occasion d'observer le quotidien de ses usagers, leur manière d'être, de s'habiller, de se comporter et, pourquoi pas, d'engager une conversation avec eux, si vous faites le premier pas.

パリの地下鉄（メトロ）は乗り換えがわかりやすく、どこに行くにも便利。居住者にとっても旅行者にとっても欠かせない交通手段です。いくつかの特徴ある駅をのぞいてみましょう。

Vocabulaire

- [ ] balade 女 散歩（= promenade 女） *cf.* se balader 代動 ぶらつく
- [ ] sous-sol 女 地下 *cf.* souterrain(e) 形 地下の 男 地下道
- [ ] qualité 女 長所 ⇔ défaut 男 欠点
- [ ] transport urbain 男（métro, bus, tram などの）都市交通
- [ ] ponctuel(le) 形 時間を厳守する *cf.* ponctualité 女 時間厳守
- [ ] odeur 女 におい、香り
- [ ] désagréable 形 不愉快な ⇔ agréable 形 心地よい
- [ ] grève 女 ストライキ　être en *grève* ストライキ中である
- [ ] panne 女 故障　en *panne* 故障している
- [ ] privilégier 他動 〜に特権を与える　*cf.* privilège 男 特権
- [ ] moyen 男 方法、手段　*moyen* de transport 交通手段
- [ ] capitale 女 首都　*cf.* capital(e) 形 主要な　capital 男 資本
- [ ] ligne 女 路線、線　*ligne* de métro 地下鉄路線
- [ ] aérien(ne) 形 空中にある、空気の、航空の　*cf.* aérer 他動 〜を換気する
- [ ] emmener 他動 〜を連れて行く　→ p.50 *Petit rappel*
- [ ] aucun(e) 形〔ne, sans とともに〕どんな〜も…ない
- [ ] lieu 男 場所　au *lieu* de ...　〜の代わりに　avoir *lieu* 開催される
- [ ] bouche de métro 女 地下鉄の出入口
- [ ] Art déco 男 アール・デコ（← Arts décoratifs 装飾美術）
- [ ] pierre de taille 女 石材
- [ ] escalier 男 階段　*cf. escalier* roulant [mécanique] エスカレーター
- [ ] noctambule 形 名 夜歩き・夜遊びをする（人）　*cf.* nocturne 形 夜の（← nuit）
- [ ] centenaire 男 100周年、100年祭（← cent）
- [ ] usager / usagère 名 利用者　*cf.* usage 男 使用　user 他動 〜を消費する
- [ ] se comporter 代動 振る舞う　*cf.* comportement 男 行動、態度
- [ ] engager 他動 〜を始める（= commencer）　*cf.* engagement 男 開始、契約
- [ ] faire le premier pas　こちらから切り出す、率先して行動する

Petit rappel

emmener / amener, emporter / apporter は間違えやすい動詞です。違いを確認しておきましょう。対象物が「人」か「もの」によって、使う動詞が異なります。

対象が「人」の場合：emmener ⇔ amener

emmener：人をある場所に連れて行き、主語もそこに残る場合が多い

  « J'*emmène* mes amis japonais en métro à la tour Eiffel. » dit M.Lenoir.
  「日本人の友人たちを地下鉄でエッフェル塔へ連れて行く」とルノワール氏は言う。

amener：人をある場所に連れて行き、主語はそこには残らない

  « J'*amène* mon fils à l'école en voiture. » dit M.Lenoir.
  「息子を車で学校へ連れて行く」とルノワール氏は言う。

ramener：人を再びある場所に連れて行く

  « Docteur, je vous *ramène* ma fille. Elle est toujours malade. » dit M.Lenoir.
  「先生、また娘を連れてきました。あいかわらず具合が悪いのです」とルノワール氏は言う。

対象が「もの」の場合：emporter ⇔ apporter
remporter ⇔ rapporter

emporter：ものを持って行く

  « Ce sandwich, c'est pour *emporter* ou consommer sur place ? » demande le serveur.
  「このサンドイッチはお持ち帰りですか、こちらでお召し上がりですか」とウエイターが尋ねる。

apporter：ものを持ってくる

  « Je vous *apporte* le menu tout de suite. » dit le serveur à un client.
  「すぐにメニューをお持ちします」とウエイターが客に言う。

remporter：（話し手から離れて）ものを持ち帰る　　※ re-, r- は「再びの」意が加わる

  « N'oublie pas de *remporter* ton livre. Je n'en n'ai plus besoin. » dit Luc à Rémi.
  「君の本を持ち帰るのを忘れないで。もう必要ないから」とリュックがレミに言う。

rapporter：ものを再び持ってくる、（話し手のほうへ）ものを持ち帰る

  « Je vous *rapporte* ce vêtement. Il est trop petit pour moi.» dit Elsa à une vendeuse.
  「この服を返品します。私には小さすぎるので」とエルサが店員に言う。

  « Je vous *ai rapporté* ce *daruma* du Japon. » dit Anna à sa voisine.
  「日本からあなたにこの『だるま』を持ってきました」とアンナが隣人に言う。

Comprendre

Vrai ou Faux ?

p.48 のテクストの内容と合っていれば V、間違っていれば F を書きましょう。

1) Les transports en commun à Tokyo sont en général à l'heure. (　)
2) Dans le métro, à Paris, cela ne sent pas bon parfois. (　)
3) Tout le métro parisien est en sous-sol. (　)
4) Les principaux points touristiques de Paris sont assez proches du métro. (　)
5) Le « kiosque des noctambules » a cent ans. (　)

Choisissez la bonne réponse !

1 p.48 のテクストを読み、正しい答えを選びましょう。

1) Que conseille l'auteur du texte ?
   ☐ de ne pas prendre le métro car il est sale.
   ☐ de prendre le métro pour voyager dans Paris.
   ☐ d'utiliser un guide ou un plan pour bien voyager dans le métro.

2) Comment sont les bouches de métro à Paris ?
   ☐ souvent différentes.
   ☐ toutes « Art déco ».
   ☐ toutes identiques.

3) Que conseille l'auteur du texte dans sa conclusion ?
   ☐ d'essayer de parler avec les autres voyageurs.
   ☐ de ne jamais parler dans le métro.
   ☐ de toujours répondre aux questions des autres voyageurs.

2 p.48 のテクストを読み、それぞれが意味している内容を選びましょう。

1) Que signifie « *certaines* » dans la phrase « *certaines sont très jolies* » ?
   ☐ les bouches de métro
   ☐ les lignes de métro
   ☐ les stations du métro parisien

2) Que signifie « *eux* » dans la phrase « *d'engager une conversation avec eux* » ?
   ☐ les employés du métro
   ☐ les touristes à Paris
   ☐ les usagers du métro

Erika évoque le temps où elle prenait le métro à Paris, tous les jours.

🎤 Vous utilisiez le métro, quand vous viviez à Paris ?

👧 Oui, quand j'étais étudiante, je l'utilisais pour aller à l'université.

🎤 Comment était la qualité du service ?

👧 Il y avait beaucoup de retards et ça ne sentait pas toujours très bon. Mais c'était le seul moyen pour moi de me déplacer, donc « je faisais avec ! »

🎤 Vous aviez l'occasion de parler avec les autres passagers ?

👧 Non, pas spécialement ! De temps en temps, le conducteur racontait des blagues dans le micro…Ça nous faisait tous rire !

🎤 Souvent, des musiciens ou d'autres personnes qui « font la manche » montent dans les rames. Cela vous dérangeait ?

👧 Oui et non, il y avait des matins où je souhaitais être tranquille, mais d'autres fois où le son de l'accordéon était plus agréable. J'étais gênée plus que dérangée par les gens qui demandaient de l'argent, parce que je n'avais rien à leur donner. Tout le monde le sait, les étudiants sont pauvres.

🎤 Vous sentiez-vous en sécurité dans le métro ou dans le RER* ?

👧 Oui, je n'ai jamais rencontré de problème, mais je faisais toujours attention à mes affaires, je les gardais sur mes genoux avec mes bras dessus si j'étais assise et j'utilisais toujours un sac avec une fermeture éclair à cause des pickpockets. Aujourd'hui encore, d'ailleurs !

* RER : Réseau Express Régional

Erika Tanaka（田中恵利佳）

父はフランス人、母は日本人。小学校から大学卒業までフランスで過ごし、卒業後は家族で日本に戻る。現在、日仏文化協会・大阪ビューロー勤務。

Vocabulaire

- □ évoquer 他動 ～を思い起こす、思い出す（= parler du passé）、想起させる
- □ service 男 手助け、世話、サービス、業務
- □ retard 男 遅刻、（仕事などの）遅れ、遅滞、延滞
- □ se déplacer 代動 移動する、旅行する　cf. déplacer 他動 移動させる
- □ faire avec〔口語で〕しかたなく～する、諦める、受け入れる
- □ blague 女 冗談、作り話、でたらめ　Sans blague(s) ! 冗談はやめて！
- □ faire rire 笑わせる　※〈faire + 不定詞〉で「～させる」という使役
- □ manche 女 袖　faire la manche 物乞いをする、見物料を乞う
- □ rame 女（編成）車両、列車、地下鉄の電車
- □ déranger 他動（調子、計画や習慣を）狂わす、邪魔する、迷惑をかける
- □ son 男 音、音響、響き　cf. sonner 自動 鳴る
- □ accordéon 男 アコーディオン
- □ gêné(e) 形 par ... ～に困惑した、困った
- □ RER 首都圏高速交通網（パリ市内およびパリ近郊を走る電車）
- □ affaires (personnelles) 女〔複数形で〕所持品、身の回りの物
- □ genou 男〔複数形 genoux〕膝
- □ bras 男 腕
- □ assis(e) 形 座った、座っている（s'asseoir の過去分詞）
- □ fermeture éclair 女「ファスナー」を指す商標

Exercices

1 p.52 のインタビューを読み、正しい答えを選びましょう。

1) Pourquoi Erika utilisait-elle le métro lorsqu'elle habitait à Paris ?
   - ☐ parce qu'elle aimait beaucoup l'ambiance dans les rames et les stations.
   - ☐ parce qu'elle adore ce moyen de transport.
   - ☐ parce qu'elle n'avait pas d'autre choix.

2) Erika aimait-elle les musiciens qui jouaient dans le métro ?
   - ☐ Beaucoup ! Son trajet était plus agréable en musique.
   - ☐ Cela dépendait des jours !
   - ☐ Non, pas du tout ! Elle voulait être tranquille.

3) Comment était Erika quand elle prenait le métro ?
   - ☐ Elle avait toujours très peur.
   - ☐ Elle faisait très attention à sa sécurité.
   - ☐ Elle n'avait pas peur du tout : le métro parisien est très sûr !

2 p.52 のインタビューの中から該当する語を見つけましょう。

1) « Ne posez pas vos .... sur le siège ! » dit un passager du métro.
2) « Tu sais jouer de l'................ ? » demande Kenji à son ami français.
3) « Quand Jules raconte des .... , personne ne rit ! » dit son copain.
4) « Mon père n'aime pas être .... quand il fait la sieste. » dit Erika.
5) « Je n'ai pas assez d'................ pour voyager. » regrette Michèle.
6) « Au Japon, on se sent en .... partout ! » dit une touriste.
7) « J'ai mal au .... droit. Marcher, c'est difficile ! » dit grand-mère.
8) « Attention aux .... ! Faites attention à votre sac ! » [annonce dans le métro]

3 日本語と同じ意味を表すフランス語を選びましょう。

トマは哀れな男である。妻の浪費が激しくて！
   - ⓐ Thomas est un homme pauvre : sa femme dépense beaucoup !
   - ⓑ Thomas est un pauvre homme : sa femme dépense beaucoup !
   - ⓒ Thomas n'est pas pauvre, même si sa femme dépense beaucoup !

p.48 テクストの訳　　地下を歩く

　時間に正確、現代的、清潔さ——誰もが日本の都市交通の長所を知っている。不快な臭い、ストライキ、故障——誰もがまた、パリの地下鉄（メトロ）の欠点を知っている。しかし、あまり歩くのが好きでなければ、首都ではこの交通手段を選びなさい。地下と一部高架の16路線があり、目的地まで迅速に連れて行ってくれる。首都の主要な場所で地下鉄の出入口から500メートル以上離れているところはない。

　いくつかの駅の入口、特に1900年、建築家エクトル・ギマールによって設計されたアール・デコ様式のものはとても美しい。そのほか、よりモダンなあるいは驚くべき駅もある。切り石のプラス・モンジュ駅、建物の中にあるヴァノー駅、モンマルトル界隈の有名な階段の近くのラマルク＝コーランクール駅などだ。より最近では、2000年に地下鉄開業100周年を記念して非常に近代的な「夜ふかしのキオスク」がつくられ、そこからパレ・ロワイヤル＝ルーヴル美術館駅へ入れるようになった。

　地下鉄に乗ることは、利用者の日常生活、生き方、服装、振る舞いを観察する機会であり、最初の一歩を踏み出せば、彼らと会話を交わすこともできる。

p.52 インタビューの訳

恵利佳は、パリで毎日地下鉄に乗っていた時代のことを思い出しています。
—パリに住んでいらした頃は地下鉄を使っていたのですか？
—はい、学生だった頃、大学に行くために使っていました。
—サービスの質はどうでしたか？
—たびたび遅延があって、いつもすごく臭かったです。でも、私にとって唯一の移動手段だったので、「しかたなく」ですね！
—他の乗客と話をすることはありましたか？
—いえ、特には！　ときどき運転士さんがマイクを通して冗談を言ったりすることがあって、みんなを笑わせていました。
—よくミュージシャンや車両内で物乞いをする人が乗ってくることがありますね。迷惑でしたか？
—そうとも言えるし、そうでないとも言えますね。朝、静かに過ごしたいときもあれば、アコーディオンの音を聴くほうが心地いいときもありました。お金を求めてくる人たちには、迷惑というより困惑させられました。というのも、何もあげられるものはなかったからです。ご存知の通り、学生は貧乏ですから。
—地下鉄やRERの中では安全だと感じていましたか？
—はい、問題に遭遇したことはありませんが、荷物にはいつも気をつけていました。座っているときは荷物は膝に置いて上から腕を乗せて守っていましたし、スリにあわないようにいつもファスナー付きのカバンを使っていました。今もですけどね！

7 Pas de sushis, merci !

Tous les Français ne sont pas fans de cuisine japonaise. Manger du poisson cru : très peu pour eux ! Pendant leur séjour au Japon, ils fréquentent les enseignes de restauration rapide… ou les restaurants français. En général, ils disent être agréablement surpris par la qualité de ces derniers, même si les ingrédients utilisés, les recettes et les saveurs peuvent différer de ce qui serait servi dans l'Hexagone.

En France, mieux vaut éviter les établissements « asiatiques » que l'on trouve dans toutes les villes françaises. Les plats proposés peuvent être bons, mais ils ne sont pas fidèles aux arts culinaires des pays d'Asie. Quant aux restaurants dits « japonais », tout dépend des chefs. Certains simplifient le processus de fabrication des sushis pour les rendre moins couteux. D'autres adaptent leurs préparations aux palais locaux. D'autres encore se veulent créatifs et inventent des plats fusion, mélangeant des éléments de la cuisine japonaise avec des influences locales.

« La gastronomie est l'art d'utiliser la nourriture pour créer du bonheur ! » a dit un philosophe anglais. Manger japonais en France est une expérience parfois réussie, parfois non !

un restaurant japonais en France

un restaurant français au Japon

日本にたくさんのフランス料理店があるように、フランスでは大都市でも小さな町でも、和食店や寿司店の看板を見かけます。それらの店では、どんな料理が供されるのでしょうか。

Vocabulaire

- ☐ fan 名 ファン　*cf.* admirateur / admiratrice 名 ファン
- ☐ cru(e) 形 生の　⇔ cuit(e) 形 火を通した
- ☐ séjour 男 滞在　*cf.* séjourner 自動 〜に滞在する
- ☐ fréquenter 他動 〜に頻繁に通う　*cf.* fréquent(e) 形 しばしば起こる
- ☐ enseigne 女 看板　*cf.* enseigner 他動 〜を教える
- ☐ restauration rapide 女 ファーストフード店
- ☐ ces derniers 後者　※ここでは les restaurants français を指す
- ☐ ingrédient 男 成分、原料
- ☐ recette 女 レシピ
- ☐ saveur 女 味、風味　*cf.* savourer 他動 〜をじっくり味わう
- ☐ différer 自動 異なる　*cf.* différent(e) 形 違った　différence 女 違い
- ☐ mieux vaut + 不定詞　〜するほうがよい　→ p.58 Petit rappel
- ☐ éviter 他動 〜を避ける　*cf.* évitable 形 避けられる
- ☐ établissement 男 店舗　*cf.* établir 他動 〜を設置する
- ☐ asiatique 形 アジア（風）の　*cf.* Asie 固有 女 アジア
- ☐ fidèle 形 忠実な　*cf.* fidélité 女 忠実さ
- ☐ art culinaire 男 料理法
- ☐ dépendre 他動 (de...) 〜次第である　*cf.* dépendance 女 依存
- ☐ fabrication 女 製造　*cf.* fabriquer 他動 〜を作る
- ☐ couteux / couteuse 形 高価な
  cf. couter 自動 値段が〜である　cout 男 費用
- ☐ préparation 女 調理　*cf.* préparer 他動 〜を調理する
- ☐ palais 男 味覚　avoir le *palais* fin 舌が肥えている
- ☐ local(e) 形 〔複数形で〕地方の
- ☐ fusion 女 合併、融解　*cf.* fusionner 自動 統合する
- ☐ mélanger 他動 〜を混ぜる　*cf.* mélange 男 混合　mélangé(e) 形 混じった

> **Petit rappel**

〈mieux vaut ＋不定詞〉「～するほうがいい」の表現

〈mieux vaut [il vaut mieux] ＋不定詞〉のように、「～するほうがいい」という提案を述べる表現を覚えましょう。

- « *Mieux vaut* éviter ce restaurant ! »
  「このレストランはやめたほうがいい！」
- « *Il vaut mieux* manger moins gras ! »
  「脂質は減らすほうがよい！」

条件法を用いると丁寧さが増します。

- « *Mieux vaudrait* éviter ce restaurant. »
  「このレストランはやめておいたほうがいいと思うよ」

ただし mieux vaudrait que ... とは言いません。〈il vaudrait mieux que ＋接続法〉を用います。

- « *Il vaudrait mieux que* vous mangiez moins gras. »
  「脂質は減らしたほうがいいと思います」

この表現は、過去にも未来にも用いられます。

- « *Mieux valait* écouter le professeur autrefois ! »
  「昔は教師の言うことを聞いたものだった！」
- « *Mieux vaudra* rester à la maison demain : il va neiger ! »
  「明日は家にいたほうがいいだろう、雪になるから！」

そのほかの提案の表現もみておきましょう。

- « *C'est mieux de* boire du vin blanc avec ce poisson ! »
  「この魚には白ワインがいい！」
- « *Ce serait mieux que* vous buviez du vin blanc avec ce poisson ! »
  「このお魚には白ワインのほうがよいと思います！」
- « Dans ce restaurant, *il est préférable de* réserver. »
  「このレストランは予約したほうがいい」
- « Dans ce restaurant, *il serait préférable que* vous réserviez ! »
  「このレストランは予約なさるほうがよろしいでしょう！」

Comprendre

Vrai ou Faux ?

p.56 のテクストの内容と合っていれば V、間違っていれば F を書きましょう。

1) Certains touristes français au Japon n'aiment pas manger du poisson cru.   (   )
2) Souvent, ces touristes aiment bien les restaurants français au Japon.   (   )
3) On ne mange pas bien dans les restaurants asiatiques en France.   (   )
4) La préparation des sushis est la même en France et au Japon.   (   )
5) Manger dans un restaurant japonais en France, c'est toujours bien !   (   )

Choisissez la bonne réponse !

[1] p.56 のテクストを読み、正しい答えを選びましょう。

1) L'auteur conseille-t-il de manger dans les restaurants « asiatiques » en France ?
   - ☐ Bien sûr, tout y est très bon.
   - ☐ Oui, parce qu'on y mange bien même si les gouts sont différents.
   - ☐ Non, parce que la cuisine n'y est pas authentique.

2) Pourquoi certains chefs ne préparent pas les sushis comme au Japon ?
   - ☐ parce que tous les Français détestent le poisson cru.
   - ☐ parce que les poissons, en France, sont différents.
   - ☐ parce que le prix serait trop cher.

3) Qu'est-ce qu'un plat fusion ?
   - ☐ un plat typique français avec des ingrédients japonais.
   - ☐ un plat japonais servi avec des fourchettes.
   - ☐ un plat français à manger avec des baguettes et sans pain.

[2] p.56 のテクストを読み、それぞれが意味している内容を選びましょう。

1. Que signifie « *eux* » dans la phrase « *très peu pour eux* ! »
   - ☐ les cuisiniers japonais
   - ☐ les poissons crus
   - ☐ les visiteurs français au Japon

2. Que signifie « *derniers* » dans la phrase « *par la qualité de ces derniers* » ?
   - ☐ les restaurants français au Japon
   - ☐ les restaurants fast food au Japon
   - ☐ les restaurants japonais au Japon

Interview

Un blogueur culinaire rencontre Kohichi Nishihata, travaillant dans un restaurant parisien.

🎤 C'est un peu extraordinaire : vous êtes chef de cuisine… française, ici, dans la capitale. Avez-vous noté des différences dans les gouts entre nos deux pays ?

👤 J'ai l'impression que les Français aiment les gouts forts. Un jour, j'ai fait un confit de canard que je trouvais bon, mais pour mes clients français, il n'avait pas assez de bouquet. Je note aussi qu'ils n'ont pas besoin de saveurs douces pendant le repas, puisqu'ils le finissent généralement avec un dessert. Mais dans la cuisine japonaise, on utilise beaucoup de sucre dans les plats.

🎤 Servez-vous des plats à la japonaise ?

👤 En été, je sers du tartare de poisson cru. Je l'assaisonne avec du sel, du poivre, du jus de citron et de l'huile d'olive, mais les Français demandent de la sauce soja, car ils veulent le manger « comme au Japon. »

🎤 Le poisson cru a du succès ?

👤 Oui, oui. On le sert aussi en carpaccio ou en céviche. Mais par exemple, les Français n'aiment pas consommer crues les parties grasses du thon, contrairement à nous, Japonais, qui adorons les déguster en sashimi. Ici, elles sont grillées à la plancha.

🎤 Ça vous arrive de discuter avec les clients ?

👤 Je bavarde souvent avec nos habitués. J'aime bien écouter leurs opinions sur mes nouveaux plats !

Kohichi Nishihata（西畑孝一）

渋谷のブラッスリー・ヴィロンなどでビストロ料理を修業し、学生ビザで渡仏。在仏15年。パリのレストラン「Numéro 41」でオープン時から料理長を務める。

Vocabulaire

- blogueur / blogueuse 名 ブロガー
- extraordinaire 形 なみはずれ、途方もない、稀にみる 〔話し言葉で〕すばらしい
- noter 他動 書き留める、メモする、留意する、気づく
- goût 男 味、風味、香り　*cf.* avoir du *goût* = avoir du bouquet
- impression 女 印象、感じ、感想
   avoir l'*impression* de[que]… 〜のような気がする
- confit de canard 男 カモのコンフィ（脂漬け）
- bouquet 男 花束、芳香、香り
- servir 他動 仕える、奉仕する、食事を出す、給仕する
- tartare 男 タルタルステーキ
- assaisonner 他動 味付けをする、調味する
   cf. assaisonnement 男 味付け、調味、調味料
- céviche 男 セヴィーチェ（柑橘系果汁を使った魚貝のマリネ）
- consommer 他動 消費する、飲食する
- déguster 他動 味をみる、試飲する、楽しみ味わう
- griller 他動（グリルなどで）焼く　*cf.* grillé(e) 形 焼かれた
- bavarder 他動 おしゃべりをする　*cf.* bavardage 男 おしゃべり
- habitué(e) 名 常連、馴染客　*cf.* habituer 他動 〜を習慣づける

le tartare de poisson cru

Exercices

1 p.60 のインタビューを読み、正しい答えを選びましょう。

1) Quelle différence y a-t-il entre la cuisine française et la cuisine japonaise ?
   - ☐ Aucune, les deux cuisines ont les mêmes saveurs.
   - ☐ Au Japon, on n'aime que les plats à saveur douce.
   - ☐ En France, on garde souvent le sucré pour le dessert.

2) Comment les Français aiment-ils manger le poisson cru ?
   - ☐ Ils le mangent à la française, avec du citron et de l'huile d'olive !
   - ☐ Ils l'aiment comme le prépareraient les Japonais.
   - ☐ En vrai, ils n'en mangent jamais.

3) Le chef aime-t-il savoir ce que pensent ses clients ?
   - ☐ Non, cela ne l'intéresse pas.
   - ☐ Oui, c'est intéressant pour lui.
   - ☐ Si, cela l'intéresse toujours.

2 p.60 のインタビューの中から該当する語を見つけましょう。

1) Le .... est un poisson de mer.
2) « Comme ...., je vais prendre une glace au thé vert. » dit un client.
3) « Le .... est vietnamien, pas japonais. » dit un critique culinaire.
4) Il ne faut pas manger une pomme de terre ....
5) « Quel est le .... du jour ? » demande un client.
6) « Je suis un .... de ce bar à sushis. J'y vais souvent. » dit Marc.
7) L'.................. est un fruit de la région méditérranéenne.
8) Ce blogueur n'a pas une .... favorable sur ce restaurant.

3 日本語と同じ意味を表すフランス語を選びましょう。

「シェフはこの料理を日本風に提供します」
   - ⓐ « Le chef sert ce plat à la japonaise ! »
   - ⓑ « Le chef sert ce plat à une Japonaise ! »
   - ⓒ « Le chef sert ce plat japonais. »

p.56 テクストの訳　　お寿司はありません、ありがとうございます（心配ありません）！

　すべてのフランス人が日本料理のファンというわけではない。彼らが生の魚を食べることはほとんどない。日本滞在中、彼らはファーストフード店やフレンチレストランを頻繁に利用する。一般に、たとえ使用される材料、レシピ、味がフランスで提供されるものと異なっていても、後者の品質にはうれしい驚きを感じると彼らは言う。

　フランスのどの町にもある「アジア系」の店は避けたほうがいい。提供される料理はおいしいかもしれないが、アジア諸国の料理法を忠実に再現しているわけではない。いわゆる「和食」レストランに関しては、シェフ次第だ。寿司を安くするために、作るプロセスを簡略化するところもある。また、地元の味覚に合わせた調理をする人もいる。さらに、創造性を発揮して、日本料理の要素と地元の影響を組み合わせた多国籍料理を考案したい人もいる。

　「美食とは、食べ物を使って幸福を生み出す芸術である！」とイギリスの哲学者は言った。フランスで日本食を食べることは、うまくいくこともあれば、そうでないこともある！

p.60 インタビューの訳

料理ブロガーが、パリのレストランで働いている西畑孝一と会いました。
—すごいことですよね、あなたはパリの…フランス料理店のシェフだなんて！　味の好みについて、両国の違いに気づいたことはありますか？
—フランス人は濃い味付けが好みのようです。あるとき、鴨のコンフィを作って、僕はおいしいと思ったのですが、フランス人のお客さんにとっては味が薄かったようでした。また、フランス人はおおむねデザートで締めくくるので、食事中は甘味は必要ないみたいです。でも日本食では、料理にもたくさん砂糖を使いますよね。
—日本風の料理を出すこともありますか？
—夏には鮮魚のタルタルを出します。塩、胡椒、レモン汁、オリーブオイルで味付けするんですが、フランス人は醤油が欲しいって言うんです。「日本みたいに」食べたいそうです。
—鮮魚は評判いいですか？
—ええ、ええ。カルパッチョやセヴィーチェとして出すこともあります。けれど、たとえばフランス人はマグロの脂っこい部位を生で食べるのは好きではありません。逆に我々日本人はトロを刺身でいただくのが好きですけどね。こちらでは、鉄板で焼いたりします。
—お客さんとお話しされることはあるんですか？
—常連のお客さんたちとよくお喋りしますよ。新しい料理についての意見を聞くのが好きなんです！

8 Tu fais quoi quand tu es libre ?

De nombreux Français voient leurs temps de loisirs comme un moyen pour se détendre, d'apprendre de nouvelles choses, de faire des rencontres ou de renforcer les liens avec leurs amis ou les membres de leur famille.

Leurs loisirs sont très variés. La France ayant une longue tradition littéraire, la lecture reste le passetemps le plus populaire. Pour beaucoup de Français, cuisiner et découvrir de nouveaux plats est une activité attrayante. Ils aiment profiter de la nature et des espaces extérieurs : la randonnée, le vélo, la pétanque, et d'autres activités de plein air sont appréciés. S'il pleut, quoi de mieux que d'aller au cinéma ou regarder des séries sur Netflix ! Les arts ne sont pas absents : la visite de musées et la pratique d'activités artistiques ou manuelles comme la peinture, la sculpture, la poterie sont courantes. Enfin, il ne faut pas oublier le sport. Le football, le tennis, le rugby, la natation, le judo comptent beaucoup de pratiquants dans des clubs, ou de spectatrices ou spectateurs à la télé.

Et contrairement aux idées reçues, les Français ne pensent pas qu'à s'amuser. 67 %* déclarent que le travail est important pour eux !

*enquête Statista 2023

la randonnée

la pétanque

2023年度の調査によると、20歳以上の日本人の趣味の上位は読書、カラオケ、映画鑑賞、園芸（ガーデニング）だそうです。フランス人は余暇をどのように過ごしているのでしょうか。

Vocabulaire

- temps 男 時、時間、時代、天気
- loisir 男 暇、〔複数形で〕余暇、レジャー
- se détendre 代動 リラックスする　*cf.* détente 女 気晴らし、緊張緩和
- rencontre 女 出会い　*cf.* rencontrer 他動 〜に偶然で会う
- renforcer 他動 〜を強化する　*cf.* renforcement 男 強化
- varié(e) 形 変化に富む、多様な ⇔ monotone 形 単調な
- littéraire 形 文学の　*cf.* littérature 女 文学
- passetemps 男 気晴らし　*passetemps* favori 趣味
- attrayant(e) 形 魅力のある　*cf.* attrait 男 魅力
- profiter 他動 (de) 〜を利用する　*cf.* profit 男 利益　profitable 形 有益な
- extérieur(e) 形 外の　男 外部、外観
  cf. extérieurement 副 外から見て、うわべは
- randonnée 女 ハイキング　*cf.* randonneur / randonneuse 名 ハイカー
- pétanque 女 ペタンク　jouer à la *pétanque* ペタンクをする
- de plein air 野外の　loisirs *de plein air* 野外レジャー
- quoi de mieux 最高である（←よりよいことが何かあるだろうか）
- série 女 （テレビなどの）シリーズもの（= série télé）
- activité 女 活動　*cf.* activer 他動 〜を促進する　activement 副 活発に
- artistique 形 芸術の　*cf.* artiste 名 芸術家　artistiquement 副 芸術的に
- manuel(le) 形 手を使う　*cf.* manuellement 副 手を使って
- sculpture 女 彫刻　*cf.* sculpter 他動 〜を彫刻する　sculpteur 男 彫刻家
- poterie 女 陶器、陶芸　*cf.* potier 男 陶工、陶器商
- pratiquant(e) 名 （スポーツなどの）実践者　*cf.* pratiquer 他動 〜を行なう
- spectateur / spectatrice 名 観客　*cf.* spectacle 男 ショー
- contrairement 副 à ... 〜と反対に ⇔ conformément 副 à ... 〜に従って
- idée reçue 女 社会通念、紋切り型の考え

nombreux / nombreuse の位置による意味の違い

p.64 のテクスト 1 行目にある nombreux / nombreuse は名詞の前に置かれた場合は「多くの、多数の」の意ですが、名詞の後に置かれた場合には「大勢からなる」の意となります。

 De ***nombreuses*** familles ont quitté ce village.
  多くの家族がその村から去った。

 C'est une famille ***nombreuse*** : trois fils et quatre filles.
  子だくさんの家族だ、3 人の息子と 4 人の娘がいる。

〈de + 形容詞複数形＋名詞複数形〉

名詞が複数形の場合、その前に形容詞が置かれると、不定冠詞 des は de となります。p.64 のテクストでも 1 行目 ***De*** nombreux Français voient...、7 行目 découvrir ***de*** nouveaux plats...、9 行目 ***d'***autres activités de plein air... と、3 ヶ所出てきます。

 Il y a ***de*** belles voitures de sport dans la salle d'exposition.
  ショールームには素敵なスポーツカーが展示されている。

上記の文を Il y a ***des*** belles ... と言ってしまうと、フランス語話者は一瞬「美人が…」と思ってしまいますので、注意が必要です。ただし jeune fille（娘さん）、petit pain（プティパン）などは形容詞と名詞で一語扱いですので、そのまま des を用います。

 Il y a ***des*** petits pains sur la table. テーブルにプティパンがある。

否定の de

この課のテクストには出てきませんが、同じ綴りの de で前置詞以外で注意しなければならないのが、「否定の de」です。直接目的語につく不定冠詞、部分冠詞は、否定文では de となります。

 Il y a du foot à la télé. テレビでサッカーの放映があります。
 → Il n'y a pas ***de*** foot à la télé ce soir. 今夜はテレビでサッカーの放映がありません。

ただし、次の例文のように、「ひとつも〜ない」と強調したい場合には、de とならない場合もあります。

 Il n'y a pas ***un*** joueur connu dans cette équipe.
  このチームには有名な選手はひとりもいない。

Comprendre

Vrai ou Faux ?

p.64 のテクストの内容と合っていれば V、間違っていれば F を書きましょう。

1) Pour les Français, les loisirs, c'est seulement l'occasion de rencontres. (　)
2) Lire est le premier loisir des Français. (　)
3) Quand il fait mauvais temps, les Français aiment regarder des films. (　)
4) Les Français n'aiment faire du sport que devant leur télé. (　)
5) Pour les Français, aller travailler n'est pas très important dans leur vie. (　)

Choisissez la bonne réponse !

[1] p.64 のテクストを読み、正しい答えを選びましょう。

1) Quels sont les objectifs des Français pendant leurs loisirs ?
    ☐ dormir, ne rien faire.
    ☐ faire plaisir à leurs amis et à leur famille.
    ☐ se relaxer, faire des découvertes, parler avec des gens.

2) Où est-ce que les Français aiment passer du temps pendant leurs loisirs ?
    ☐ à la maison.
    ☐ dehors.
    ☐ en montagne.

3) Qu'est-ce qu'une idée reçue ?
    ☐ ce que les gens pensent généralement, mais ce n'est pas la réalité.
    ☐ un message écrit par mail.
    ☐ une manière de penser négative.

[2] p.64 のテクストを読み、それぞれが意味している内容を選びましょう。

1) Quelle phrase est **synonyme** de « *quoi de mieux que d'aller au cinéma...* »
    ☐ Aller au cinéma, ce n'est pas moins bien que de regarder Netflix.
    ☐ Aller au cinéma, c'est mieux que de regarder Netflix.
    ☐ Le mieux, c'est d'aller au cinéma ou de regarder Netflix.

2) Quelle expression est **synonyme** de « *être courant(e)* »
    ☐ être habile (pour faire quelque chose)
    ☐ être habituel(le)
    ☐ être rapide (courir vite)

Interview

PMGL (son pseudonyme d'artiste), auteur de bande dessinée, discute avec notre journaliste.

- 🎤 Qu'est-ce qu'est une bande dessinée, appelée aussi BD ?
- 🦁 C'est une sorte de manga tout en couleurs, mais dans un format plus grand, avec une couverture rigide. La France et la Belgique sont les pays qui en produisent le plus en Europe.
- 🎤 La bande dessinée est-elle un art ?
- 🦁 Oui, c'est même le neuvième depuis 1964.
- 🎤 À quelle occasion les Français achètent-ils des BD ?
- 🦁 Ils en achètent d'abord pour eux-mêmes, pour se faire plaisir. Ils en offrent aussi à leurs amis ou à leur famille, pour un anniversaire ou comme cadeau de Noël. *Astérix* ou *Lucky Luke* sont des personnages de BD très connus de tous.
- 🎤 Les lecteurs de BD aiment aussi les mangas japonais ?
- 🦁 Les « *shonen manga* » sont si populaires auprès de la jeunesse qu'ils comptent pour la moitié des ventes de BD en France !
  Dernièrement, certains auteurs français dessinent leurs comics à la japonaise : on appelle ce style *franga*, un mélange des mots « français et manga ».
- 🎤 Au Japon, certaines mères ne préfèrent pas que leurs enfants lisent des mangas. C'est pareil en France ?
- 🦁 Certains parents se disent : « Au moins, si mon enfant lit des BD, peut-être qu'il finira par lire de VRAIS livres ».

PMGL

フランスの BD 作家。村上春樹の短編集を BD 化し、日本で出版した。母国フランスでも出版され、今後アメリカや韓国でも翻訳が刊行される予定。

photo©Joseph Berardi

Vocabulaire

- □ pseudonyme 男 ペンネーム。pseudo と略すこともある。　*cf.* surnom 男 あだ名
- □ auteur 男 作者、著者、作家
- □ bande dessinée 女 漫画　※略して BD と呼ばれることが多い
- □ format 男（本・紙・写真などの）版、フォーマット
- □ couverture 女 表紙、毛布、ベッドカバー
- □ rigide 形 堅い、厳格な　livre à couverture *rigide* ハードカバーの本
- □ se faire plaisir （買い物・食事・旅行などで）ちょっと贅沢をする
- □ personnage 男（小説などの）登場人物、作中人物、要人、著名人
- □ lecteur / lectrice 名 読者
- □ auprès 副 de... 〜のそばに、〜のところへ、〜のところで
- □ dernièrement 副 最近、近頃
- □ comics 男〔常に複数〕漫画、bande dessinée の別名
- □ franga 男 フランガ　※ français と manga を組み合わせた造語
- □ finir par ... 〜することによって終わる、最後には（ついに、とうとう）〜する

フランスでは 19 世紀に芸術を 5 つにカテゴリーに分け、第 1 芸術（建築）、第 2 芸術（彫刻）、第 3 芸術（絵画）、第 4 芸術（音楽）、第 5 芸術（詩）とした。その後、第 6 芸術（ダンス）、第 7 芸術（映画）、第 8 芸術（テレビ・写真）となり、1964 年に漫画が第 9 芸術と定められた。

Exercices

1 p.68 のインタビューを読み、正しい答えを選びましょう。

1) Quelle différence y a-t-il entre un manga et une BD ?
   - ☐ Le format d'un manga est généralement plus petit que celui d'une BD.
   - ☐ Un manga est toujours en couleurs, jamais une BD.
   - ☐ Le papier d'un manga est vraiment plus épais que celui d'une BD.

2) Peut-on, en France, offrir une BD comme cadeau ?
   - ☐ Oh non ! On achète une BD en général pour soi-même !
   - ☐ Oui, mais seulement pour un anniversaire !
   - ☐ Mais oui, c'est un cadeau qui, en général, fait plaisir !

3) Une BD est-elle un « vrai livre » pour certains parents français ?
   - ☐ Oui, on apprend beaucoup en lisant des BD !
   - ☐ Non, c'est dommage de lire des BD !
   - ☐ Non, mais lire une BD peut donner l'envie de lire d'autres livres !

2 p.68 のインタビューの中から該当する語を見つけましょう。

1) « Sur la .... de ce magazine, il y a la photo de mon acteur préféré. » dit Léo.

2) Arsène LUPIN est un .... de roman policier.

3) « Balzac est un .... français du XIXe siècle. » dit le professeur de littérature.

4) « Je suis un grand .... de mangas : j'en lis tous les jours. » dit Amy.

5) L'opéra de Paris se trouve dans le .... arrondissement de Paris.

6) Le « *gekiga* » est un .... de manga réaliste.

7) « Ma .... travaille dans une maison d'édition de BD. » dit Joël.

8) « J'aime comme vous .... ! » dit un fan de BD à son auteur préféré.

9) La BD est un .... comme la peinture ou la musique.

3 日本語と同じ意味を表すフランス語を選びましょう。

「もし私の息子が学校でよく勉強したら、最終的には先生になるだろう！」

   ⓐ « Comme mon fils travaille bien à l'école, il finira professeur ! »

   ⓑ « Puisque mon fils travaille dans une école, il finira comme professeur ! »

   ⓒ « Si mon fils travaille bien à l'école, il finira par devenir professeur ! »

p.64 テキストの訳　　暇なときは何してる？

　多くのフランス人は、余暇はリラックスし、新しいことを学び、人と出会い、友人や家族との絆を深めるものであると考えている。

　彼らの趣味は実にさまざまだ。フランスには文学の長い伝統があり、読書は今でも最も人気のある趣味である。多くのフランス人にとって、料理をしたり、新しい料理を発見したりすることは魅力的なことだ。彼らは自然やアウトドアを楽しむのも好きだ。ハイキング、サイクリング、ペタンクなど野外で行なう活動が大好きである。雨が降っているときは、映画館に行くか、Netflix でシリーズものを見るのが一番だ！　芸術に関わる趣味がないわけではない。美術館を訪れたり、絵画や彫刻、陶芸などの芸術的な活動や手仕事をするのはよくあることだ。最後にスポーツも忘れてはならない。サッカー、テニス、ラグビー、水泳、柔道は多くの人がクラブに所属し実践しており、またテレビ観戦者も多い。

　そして社会通念に反して、フランス人は楽しむことだけを考えているわけではない。67％が仕事は自分にとって重要であると答えている*！

*スタティスタ 2023 年調査

p.68 インタビューの訳

バンド・デシネ作家 PMGL（ペンネーム）が、ジャーナリストと話しています。
—BD とも呼ばれることがありますが、バンド・デシネとはなんですか？
—4 色刷の漫画の一種ですが、（日本のものより）もっとサイズが大きくて、表紙がかたいんです。ヨーロッパではフランスとベルギーが最も多く BD を出版しています。
—BD は芸術なのでしょうか？
—はい、1964 年に第 9 芸術になりました。
—フランス人はどういうときに BD を買いますか？
—自分たちのために、楽しみとして買うことがあります。友だちや家族に、誕生日やクリスマスのプレゼントとして贈ることもあります。「アステリックス」や「ラッキー・ルーク」はとても有名な BD のキャラクターです。
—BD の読者は日本の漫画も読みますか？
—「少年漫画」は若者たちの間で大変人気があります。フランスでの BD の売り上げの半数にもなるんですよ！　最近では、フランス人の作家が日本の漫画風に描くこともあって、そういうスタイルを「フランスのマンガ」という言葉を合体させて「フランガ」と呼んでいます。
—日本では、自分の子どもたちが漫画を読むことを好ましく思わない母親もいます。フランスでも同じですか？
—親たちの中にはこう言う人もいますね。「うちの子は少なくとも BD を読んでいるから、もしかしたらいつかは〈本物〉の本を読むようになるかもしれない」って。

9 Les jeunes et l'alcool

« Santé ! »

La loi française est claire : « Il est interdit de vendre ou d'offrir gratuitement de l'alcool aux personnes non majeures. Tout jeune de moins de 16 ans ne peut pas être reçu dans un débit de boissons, s'il n'est pas accompagné de ses parents ou d'un adulte responsable. »

Mais une étude récente (fin 2023) montre que « 70 % des Français trouvent acceptable de faire gouter une boisson alcoolisée à des jeunes avant 18 ans », notamment à l'occasion d'une fête familiale ou d'un évènement festif (la soirée du Jour de l'an par exemple).

Paradoxalement, les parents voudraient que l'interdiction de vente d'alcool à leurs adolescents soit appliquée avec sévérité dans tous les lieux où on en vend, ce qui n'est pas le cas aujourd'hui !

Ces jeunes sont moins attirés par le vin : ils préfèrent les prémix, les apéritifs et surtout la bière, mais attention aux risques de dépendance une fois à l'âge adulte.

Depuis janvier 2024, il est possible d'obtenir son permis de conduire à 17 ans. Alors les slogans contre l'alcoolisme sont encore plus utiles : *« Boire ou conduire, il faut choisir* ! » ou « *Boire moins, c'est mieux !* »

Au Japon, il arrive parfois que, dans certaines soirées lycéennes ou étudiantes, de l'alcool circule. Mais la société dans son ensemble reste très sévère sur ce sujet, évitant les contradictions françaises !

日本では 2022 年から成年は 18 歳になりましたが、飲酒は 20 歳になるまで認められていません。フランスも成年は 18 歳です。飲酒事情はどうなっているのでしょうか。

Vocabulaire

- [ ] loi 女 法律　*cf.* légal(e) 形 法律の　légalement 副 法律上
- [ ] clair(e) 形 明白な　*cf.* clarté 女 明晰さ　clairement 副 明確に
- [ ] gratuitement 副 ただで　*cf.* gratuit(e) 形 無料の
- [ ] majeur(e) 形 成年に達した　→ p.74　Petit rappel
- [ ] débit de boissons 男（カフェ、バーなどの）飲料提供店
- [ ] étude 女 調査（= enquête）、研究　*cf.* étudier 他動 〜を調査する
- [ ] récent(e) 形 最近の　*cf.* récemment 副 最近
- [ ] acceptable 形 承認できる　*cf.* accepter 他動 〜を受け入れる
- [ ] notamment 副 特に、とりわけ（= particulièrement）
- [ ] à l'occasion de …　〜の際に
- [ ] festif / festive 形 祝祭の　*cf.* fête 女 祝祭
- [ ] paradoxalement 副 逆説的に　*cf.* paradoxe 男 逆説、矛盾
- [ ] interdiction 女 禁止　*cf.* interdire 他動 〜を禁じる　interdit(e) 形 禁じられた
- [ ] appliquer 他動 〜を適用する　*cf.* application 女 適用
- [ ] sévérité 女 厳しさ　*cf.* sévère 形 厳しい
- [ ] prémix 男 プレミクス（アルコール飲料とノンアルコール飲料を混ぜたもの）
- [ ] apéritif 男 食前酒 ⇔ digestif 男 食後酒　→ p.74　Petit rappel
- [ ] risque 男 危険　*cf.* risquer 他動 〜を危険にさらす
- [ ] dépendance 女 依存関係　*cf.* dépendre 他動 〜に依存する
- [ ] slogan 男 スローガン、標語
- [ ] alcoolisme 男 アルコール中毒　*cf.* alcool 男 アルコール（飲料）
- [ ] soirée 女 仲間内のパーティー（= fête entre amis）
- [ ] circuler 自動 広まる　*cf.* circulation 女 循環、流通
- [ ] société 女 社会
- [ ] dans son ensemble 全体として（= dans sa totalité）
- [ ] contradiction 女 反論、矛盾

Petit rappel

さまざまな飲み物

- **boisson chaude / froide** 女 温かい / 冷たい飲み物
- **boisson énergisante** 女 エナジードリンク
- **boisson lactée** 女 乳飲料
- **boisson sans alcool** 女 ノンアルコールドリンク
- **apéritif** 男 食前酒
- **cocktail** 男 カクテル
- **pousse-café** 男 食後のリキュール
- **prémix** 男 プレミクス(アルコール飲料とノンアルコール飲料を混ぜたもの)
- **infusion / tisane** 女 ハーブティー
- **eau du robinet** 女 水道の水
- **eau gazeuse** 女 炭酸水
- **eau minérale** 女 ミネラルウォーター
- **eau plate** 女 炭酸ガスを含まないミネラルウォーター

フランスの法律で成人に認められている権利

フランスでは18歳が「市民的成人」または「法的成人」の年齢です。以後、「成人」であり「市民」として認められ、選挙権も得られます。新法により次のような権利が認められています。

- 親の承諾なしに結婚(同性婚を含む)する
- 親の承諾なしにタトゥーを入れる
- 飲酒、あるいはタバコを自由に購入する
- 親の承諾なしに家を離れる
- 働く権利、自分の収入を得る
- アパートを借りたり買ったりする(親が保証しなければならないことが多い)
- 誰とでも自由に出かける
- 銀行口座を開設し、買い物をする
- 法的措置をとる
- 契約(雇用その他)を締結する

運転免許は17歳で取得できますが、18歳までは事故や損害が発生した場合の民事責任は保護者にあります。「性的マジョリティ」は15歳で取得されます。たとえ合意の上であっても、15歳未満の未成年者と性的関係をもつことはできません。

Comprendre

Vrai ou Faux ?

p.72 のテクストの内容と合っていれば V、間違っていれば F を書きましょう。

1) En France, la loi interdit de vendre de l'alcool à une personne mineure.　（　）
2) En France, un jeune de moins de 16 ans ne peut pas entrer seul dans un bar.（　）
3) Boire de l'alcool avant 18 ans est toléré, dans la société française.　（　）
4) Le vin est l'alcool préféré des Jeunes, en France.　（　）
5) Aucun jeune Japonais ne boit de l'alcool avant sa majorité.　（　）

Choisissez la bonne réponse !

1 p.72 のテクストを読み、正しい答えを選びましょう。

1) Quel risque prend un jeune mineur s'il boit beaucoup d'alcool ?
　□ Il devient difficile, pour lui, d'arrêter d'en boire, une fois adulte.
　□ Il n'a plus le droit de passer le permis de conduire.
　□ Il ne fait plus partie de la société française.

2) Qu'est-ce qu'un slogan ?
　□ une phrase courte, facile à comprendre et facile à retenir, sur un sujet important.
　□ une phrase sans verbe.
　□ un texte de loi.

3) Que veut dire « *Boire moins, c'est mieux !* » ?
　□ « C'est mieux d'éviter de boire pour être en bonne santé ! »
　□ « Il faut augmenter sa consommation d'alcool ! »
　□ « Il vaut mieux boire moins d'alcool, en général, dans la vie ! »

2 p.72 のテクストを読み、それぞれが意味している内容を選びましょう。

1) Que signifie « *en* » dans la phrase « *où on en vend, ...* » ?
　□ de l'alcool
　□ les adolescents
　□ les cafés ou les bars, par exemple

2) Combien y a-t-il de « *il* (impersonnel) » dans ce texte ?
　□ 4
　□ 5
　□ 6

Interview

Saori, professeure de sommellerie répond aux questions de Naoto, un de ses élèves.

🎤 D'où vient votre fascination pour le vin ?

🧑 Un été, j'ai gouté un verre de Chablis dans un bar à vins. Le patron m'a appris que « boire du vin » est un art, qu'il faut savoir le déguster pour en découvrir tous les charmes, et depuis, je suis devenue œnophile.

🎤 Comment définir un « bon vin » ?

🧑 Un bon vin est produit par de la bonne vigne. Le concept de terroir est donc essentiel. D'ailleurs, il n'existe pas pour d'autres alcools. Moi, je trouve merveilleux qu'un Bourgogne par exemple, soit aujourd'hui, meilleur qu'il y a 40 ans, quand on l'a mis en bouteille !

🎤 On dit souvent que l'alcool est mauvais pour la santé. Qu'en pensez-vous ?

🧑 Vous connaissez l'expression en anglais « *sober curious* » ? C'est une nouvelle tendance parmi les jeunes qui pensent que « ne pas boire d'alcool, c'est cool ». Pourtant, le vin, quand on le consomme avec modération, est une boisson communicationnelle. Partager une bouteille permet de vivre un moment convivial.

🎤 Avez-vous visité des « Châteaux » ?

🧑 Oui ! Un jour, un vin rosé m'a beaucoup plu. J'ai écrit une lettre à sa productrice. Elle m'a invité dans son domaine viticole. J'y ai fait les vendanges et j'ai suivi les étapes de la fabrication jusqu'à la fermentation des raisins ! Si vous « rencontrez » une bonne bouteille, faites comme moi ! L'adresse est toujours est marquée sur l'étiquette.

Saori Amano（天野沙織）

2016年ソムリエ資格取得。2018年からはソムリエ養成講師として講座を開講し、多数の合格者を輩出している。現在、大阪公立大学大学院でワインテイスティングの社会的機能について研究している。

Vocabulaire

- [ ] sommellerie 女 ソムリエの仕事　*cf.* sommelier / sommelière 名 ソムリエ
- [ ] fascination 女 魅惑、幻惑　*cf.* fasciner 他動 〜を魅了する
- [ ] verre 男 グラス、コップ、ガラス　prendre un *verre* 1杯やる
- [ ] œnophile 形 名 酒好きの、酒通の　※ -phile は「〜好きの人」を示す接尾辞
- [ ] vigne 女 ブドウ、ブドウ畑　*cf.* vigneron(ne) 名 ブドウ栽培者
- [ ] concept 男 概念　*cf.* conceptuel(le) 形 概念の　conception 女 考え方
- [ ] terroir 男 テロワール、（特にワイン用のブドウの）耕作適地
- [ ] essentiel(le) 形 本質的な、必要不可欠な　*cf.* essence 女 本質
- [ ] sober curious〔英語〕ソバーキュリアス　※「あえてお酒を飲まない」という価値観
- [ ] tendance 女 傾向、風潮、性向、素質
- [ ] cool 形〔若者言葉で〕かっこいい、心地よい〔話し言葉で〕冷静な、落ち着いた
- [ ] modération 女 節度、軽減、緩和　*cf.* modérer 他動 〜を控え目にする
- [ ] communicationnel(le) 形 コミュニケーションを促進する
- [ ] convivial(e) 形 打ち解けた、共に飲食することを楽しむ
- [ ] Château 男〔ここでは〕（ワインの）蔵元、シャトー
- [ ] producteur / productrice 名 生産者　*cf.* produire 他動 〜を生産する
- [ ] inviter 他動 à... 〜に招待する、招く、誘う、〜するよう頼む、促す
- [ ] domaine 男（家屋・農地などが付随する）私有地、領域
- [ ] viticole 形 ブドウ栽培の、ワイン醸造の　domaine *viticole* ブドウ園、ブドウ畑
- [ ] vendange 女（ワイン用の）ブドウの収穫〔複数形で〕ブドウの収穫期
- [ ] étape 女 段階、過程　par *étapes* 順序立てて
- [ ] étiquette 女 ラベル、レッテル、値札

Exercices

1 p.76 のインタビューを読み、正しい答えを選びましょう。

1) Qui a expliqué à Saori que boire du vin était un art ?
   - ☐ le propriétaire d'un bar à vins.
   - ☐ le serveur d'un bar à vins.
   - ☐ un client dans un bar à vins.

2) Saori pense-t-elle que consommer du vin n'est pas bon pour la santé ?
   - ☐ Elle pense que boire du vin a des aspects positifs.
   - ☐ Non, elle pense que c'est excellent pour la santé.
   - ☐ Oui, elle est complètement d'accord.

3) Que signifie l'expression « rencontrer une bonne bouteille » ?
   - ☐ acheter un bon vin, en boire et découvrir qu'il vous plait.
   - ☐ boire trop de vin et devenir ivre.
   - ☐ boire un bon vin en compagnie de quelques amis.

2 p.76 のインタビューの中から該当する語を見つけましょう。

1) « Les ………………… commenceront le 12 septembre. » dit un viticulteur.
2) « Il faut boire et manger avec ………………… . » dit un médecin.
3) « En ce moment, la ………………… est aux cheveux courts. » dit un coiffeur.
4) « Quand on se retrouve, c'est toujours ………………… ! » disent 2 amis.
5) « Je vous conseille un ………………… Latour avec ce plat ! » dit un sommelier.
6) « Mon fils a une ………………… pour les avions. » explique une maman.
7) « Le concert de B'z, c'était trop ………………… ! » dit un fan de ce groupe de rock.
8) « Puis-je avoir un ………………… d'eau ? » demande un client dans un bar.

3 日本語と同じ意味を表すフランス語を選びましょう。

「ピエールは 2021 年にボルドー地方を私に教えてくれた」
   - ⓐ « Pierre m'a fait découvrir ce bordeaux 2021. »
   - ⓑ « Pierre m'a fait découvrir Bordeaux en 2021. »
   - ⓒ « Pierre m'a fait découvrir le Bordelais en 2021. »

p.72 テクストの訳　　若者とアルコール

　フランスの法律は明快である。「未成年者に対するアルコールの販売、無料提供は禁じられている。16歳未満の青少年は、両親または責任ある大人の同伴がない限り、酒類を提供する店には入ることができない」

　しかし最近（2023年末）の調査によると、特に家族の祝いごとや祝祭のイベント（たとえば大晦日）の際には「フランス人の70％が、18歳未満の若者にアルコール飲料を飲ませることを容認している」ことが示されている。

　逆説的であるが、保護者は思春期の子どもたちへのアルコール販売禁止が、販売されているすべての場所で厳格に実施されることを望んでいる。しかし実際にはそうではない。

　これらの若者はワインにあまり魅力を感じず、プレミックス、食前酒、特にビールを好むが、いったん大人になると依存するリスクに注意しなければならない。

　2024年1月から、17歳で運転免許証を取得できるようになった。それゆえ、アルコール依存症に対するスローガンはさらに役に立つ。「飲酒か運転か、どちらかを選べ！」あるいは「飲酒量を減らしたほうがいい！」

　日本では、高校や大学のパーティーでお酒が出回ることがある。しかし、社会全体としては、フランスのような矛盾を避け、この件に関しては非常に厳しいままである。

p.76 インタビューの訳

ソムリエ講師の沙織が、生徒のひとりである直人の質問に答えています。
―ワインに魅了されたきっかけはなんですか？
―ある夏の日、ワインバーでシャブリを一杯飲みました。店主の方が「ワインを飲むこと」は芸術であること、あらゆる魅力を知るためには味わいかたを知らなければならないことを教えてくれました。それ以来、私はワイン通になったのです。
―「良いワイン」とは何でしょう？
―良いワインは良いブドウから造られます。ですから、テロワールの概念はとても重要です。しかもこれは他のアルコール飲料にはないものです。たとえば、あるブルゴーニュワインが、瓶詰めされた40年前よりも今のほうがおいしいということがあります！
―お酒は健康に良くないとよく言われますね。どう思われますか？
―英語で「ソバーキュリアス」という表現をご存知ですか？　若者たちの間にみられる新しい傾向で、「お酒を飲まないことは、かっこいい」という考えかたです。でもワインは、節度をもって味わうならコミュニケーションを促進する飲み物なんですよ。ボトルを分かち合うことで、和気藹々とした時間を一緒に楽しめます。
―シャトー巡りをされたことはありますか？
―はい！　ある日、とても気に入ったロゼワインがありました。それで生産者にお手紙を書いたんです。その方がご自分のブドウ園に招待してくださいました。収穫をさせてもらって、ブドウの発酵まで、製造過程に携わることができました！　もしあなたが良いワインに出会ったら、私みたいにやってみてください！　住所はボトルのラベルに書いてありますからね。

10 Pays maritimes

Le Japon est un pays essentiellement maritime. La mer fournit, par la pêche ou l'aquaculture, une grande partie de sa nourriture aux habitants. Les nombreux ports permettent le commerce international et sont une ouverture vers le monde extérieur. Malgré les dangers, comme les tsunamis, les côtes restent des espaces de vie très peuplés.

Les Français aussi sont très attachés au monde marin, à « la grande bleue » (la mer Méditerranée) et au « grand bleu » (l'océan Atlantique), mais de manière différente. L'économie maritime du pays est surtout liée au tourisme (pour la moitié), moins à l'alimentation : 34 % des Français mangent des produits de la mer (poissons, coquillages) deux fois par semaine, contre 60 % pour les Japonais. Si elles avaient le choix, beaucoup de personnes iraient habiter en bord de côte, plutôt qu'en ville, à la montagne ou à la campagne. Les vacances à la plage sont d'ailleurs très prisées.

La France possède le deuxième plus grand espace maritime sur notre planète, après les USA. En raison de la montée des eaux causée par la fonte des glaciers, les premiers réfugiés climatiques français devront quitter définitivement, dans un avenir proche, leur atoll polynésien perdu dans l'océan Pacifique, pour aller vivre ailleurs. Charles Baudelaire, poète français, a écrit ce très joli vers : « Homme libre, toujours tu chériras la mer ! » Pourra-t-on encore le faire dans le futur ?

Polynésie française

日本は海に囲まれ、私たちは日常的に海産物を食しています。フランスも実は海洋国であることをご存知でしたか。フランス人と海の関係をみていきましょう。

Vocabulaire

- [ ] maritime 形 海辺の　*cf.* marin(e) 形 海の　→ p.82　**Petit rappel**
- [ ] essentiellement 副 本質的に　*cf.* essentiel(le) 形 極めて重要な
- [ ] fournir 他動 〜を産出する、提供する　*cf.* fourniture 女 供給
- [ ] pêche 女 漁業、釣り　*cf.* pêcher 他動（魚を）釣る
- [ ] aquaculture 女 水産養殖
- [ ] port 男 港　*cf.* aéroport 男 空港
- [ ] être une ouverture vers ... 〜に対して開かれている
- [ ] côte 女 海岸、〔複数形で〕沿岸地方　*cf.* côtier / côtière 形 沿岸の、崖岸の
- [ ] espace de vie 男 生活空間
- [ ] peuplé(e) 形 人の住んでいる　*cf.* peuple 男 国民、民族、人
- [ ] produit de la mer 男 海産物
- [ ] coquillage 男 貝、貝殻（= coquille）女
- [ ] être prisé(e) 高く評価される
- [ ] montée (des eaux) 女 増水
- [ ] causé(e) par ... 〜が原因となって
- [ ] fonte 女 溶けること　*cf.* fondre 自動 溶ける　fondu(e) 形 溶けた
- [ ] glacier 男 氷河、アイスクリーム店　*cf.* glace 女 氷、アイスクリーム
- [ ] réfugié(e) 男 難民、亡命者　*cf.* se réfugier 代動 避難する
- [ ] climatique 形 気候の　*cf.* climat 男 気候
- [ ] définitivement 副 結局　*cf.* définitif / définitive 形 決定的な
- [ ] atoll 男 環礁　*cf.* récif corallien (de corail) 男 珊瑚礁
- [ ] polynésien(ne) 形 ポリネシアの　*cf.* Polynésie 固有 女 ポリネシア
- [ ] poète 男 詩人　*cf.* poème 男（1編の）詩　poésie 女（ジャンルとしての）詩
- [ ] vers 男 詩句
- [ ] chérir 他動 〜を深く愛する　*cf.* chéri(e) 名 いとしい人

Petit rappel

marin と maritime

どちらも「海」の形容詞ですが、使い方が微妙に異なります。

> **marin**：海の、海に住む、航海用の　　※名詞としては「船乗り」
> 一般的に、生き物、航海設備などについて用いられます。
>> la vie *marine* / les espèces *marines*　海洋生物
>> les activités *marines*　海洋活動
>> un filet *marin*　海底網
>> la pêche sous-*marine*　水中漁業
>
> **maritime**：海に面した、海上の、航海の
> 沿岸地域、海に関する活動、海洋権などについて用いられます。
>> la sécurité *maritime*　海上安全
>> Les frontières *maritimes*　海上国境

外来語の複数形

p.80 のテクスト 4 行目の les tsunamis（津波）のように、外国起源の名詞の複数形は -s をつけます。

> un blog　　　→ des blogs　ブログ
> une pizza　　→ des pizzas　ピザ
> un kimono　 → des kimonos　着物

もとの言語の複数形のまま使われるものもありましたが、1990 年以降はフランス語では -s も同様に使われるようになりました。

> un gentleman　→ des gentlemen / des gentlemans　紳士
> un spaghetti　→ des spaghetti / des spaghettis　スパゲティ

もとの言語で単数、複数が同じ形の場合は、そのままで使われるか、あるいは -s がつきます。

> mille yen / mille yens　1000 円

いずれにせよ複数形の -s は発音されませんので、特に書く場合には、他の関係する語との性数一致に気をつけてください。

Comprendre

Vrai ou Faux ?

p.80 のテクストの内容と合っていれば V、間違っていれば F を書きましょう。

1) Les ports sont très importants pour l'économie japonaise. ( )
2) Les côtes japonaises sont peu peuplées en raison des risques de tsunami. ( )
3) Les Français mangent plus de produits de la mer que les Japonais. ( )
4) Beaucoup de Français aimeraient vivre au bord de la mer. ( )
5) Aucun Français n'a à craindre la montée des eaux des océans dans le futur. ( )

Choisissez la bonne réponse !

[1] p.80 のテクストを読み、正しい答えを選びましょう。

1) Quel secteur est le plus important dans l'économie maritime française ?
   ☐ l'alimentation.
   ☐ le logement.
   ☐ le tourisme.
2) Où est-ce que les Français aiment passer leurs vacances d'été ?
   ☐ au calme, à la campagne.
   ☐ en montagne, surtout en hiver, mais également l'été.
   ☐ sur les côtes, en bord de mer.
3) Pourquoi certains Français polynésiens devront-ils quitter leur atoll ?
   ☐ parce qu'avec la montée des eaux, il n'y aura plus de poissons.
   ☐ parce qu'ils préfèrent vivre en France métropolitaine.
   ☐ parce la montée des eaux va faire disparaitre la terre où ils vivent.

[2] p.80 のテクストを読み、それぞれが意味している内容を選びましょう。

1) Que signifie « *elles* » dans la phrase « *Si elles avaient le choix...* » ?
   ☐ beaucoup de personnes
   ☐ les Françaises
   ☐ les villes en bord de mer
2) Que signifie « *le* » dans la phrase « *Pourra-t-on encore le faire...* » ?
   ☐ aimer la mer
   ☐ rester libre
   ☐ voyager sur les mers et les océans

Interview

Justyna répond aux questions d'un instagrameur qui voyagera bientôt sous les tropiques.

🎤 Vous avez vécu 22 ans à Nouméa. Votre première impression en y arrivant ?

🧑 Une ville balnéaire ! Le littoral est très beau en France métropolitaine aussi, mais en Nouvelle Calédonie la couleur turquoise de l'océan et la température sont incomparables.

🎤 Quel est le charme de la vie là-bas ?

🧑 Nouméa est entourée de plusieurs plages où on peut aller librement pour se rafraichir ou tout simplement pour profiter de la baignade.

🎤 Faisiez-vous des sports nautiques ?

🧑 Cet archipel est connu pour la grande richesse de sa faune marine appréciée aussi bien par la population locale que les touristes. J'allais souvent avec mon mari faire du PMT. La pêche et la chasse sont les activités préférées des habitants.

🎤 Avez-vous craint les dangers de la mer ?

🧑 Oui, elle peut être dangereuse. Il faut toujours consulter la météo avant toute sortie en mer. La Nouvelle Calédonie est exposée aux cyclones et pendant la période d'été, à la sécheresse, aux feux de forêts. Aujourd'hui, un nouveau problème est apparu : le risque d'attaque de requins.

🎤 Vous vivez maintenant près d'Épernay. Le climat est-il différent ?

🧑 J'aime le changement des saisons ici, mais j'ai préféré aller en Nouvelle-Calédonie en famille cet hiver. Le ferons-nous chaque année ? L'avenir nous le dira !

Justyna Loche（ジュスティナ・ロシュ）
ポーランド生まれ。フランス人と結婚してワルシャワからシャンパーニュ地方のエペルネに移り、その後はレユニオン島、ニューカレドニアと、フランス語圏を転々とする。夫の退職を機に長かった南の楽園での生活を終え、再びシャンパーニュ地方に戻った。

Vocabulaire

- instagrameur / instagrameuse 名 インスタグラマー ※ instagrammeur とも綴る
- tropiques 男〔複数形で〕熱帯地方　cf. tropical(e) 形 熱帯の
- balnéaire 形 海水浴の
- littoral 男 沿岸地帯、沿岸地方　cf. littoral(e) 形 沿岸の
- turquoise 形 トルコ石色の、青緑色　男 トルコ石
- incomparable 形 比類のない、無類の、類のない
- se rafraîchir 代動 涼しくなる、冷える、涼む
- baignade 女 水浴、水浴場　cf. se baigner 代動 水浴する
- nautique 形 航海に関する、水上の
- faune 女 動物相　cf. flore 女 植物相
- PMT 男 シュノーケル
  ※ palmes（椰子）、masque（マスク）、tuba（シュノーケル）の頭文字
- chasse 女 狩り、狩猟　cf. chasser 他動 〜を狩る
- consulter 他動 〜を相談する、参照する、見る
- exposé(e) 形 à ... 〜にさらされた、〜に向いた
  cf. exposer 他動 〜を展示する、（人を危険などに）さらす
- cyclone 男 サイクロン
- sécheresse 女 乾燥、不毛、旱魃、日照り
- feu 男 火、火事、火災
- attaque 女 攻撃、襲撃　cf. attaquer 他動 〜を攻撃する
- requin 男 サメ

Exercices

1 p.84 のインタビューを読み、正しい答えを選びましょう。

1) Qu'est-ce qu'une ville balnéaire ?
   - ☐ un lieu de séjour en bord de mer ou tout autre endroit avec des bains.
   - ☐ une ville portuaire, avec beaucoup de bateaux de pêche.
   - ☐ une ville où le tourisme est la ressource principale.

2) Où Justyna faisait-elle du PMT ?
   - ☐ au centre-ville de Nouméa.
   - ☐ dans l'océan Pacifique.
   - ☐ sur les plages de sable fin.

3) Que veut dire Justyna dans sa conclusion de l'interview ?
   - ☐ Elle ne sait pas si elle ira toujours en hiver en Nouvelle Calédonie.
   - ☐ Elle passera désormais tous ses hivers en Nouvelle Calédonie.
   - ☐ Elle rêve de passer les hivers futurs en Nouvelle Calédonie.

2 p.84 のインタビューの中から該当する語を見つけましょう。

1) « *Les dents de la mer* raconte l'histoire d'un .... blanc ! » dit un cinéphile.
2) « Pendant un ...., les vents soufflent très forts. » dit un météorologiste.
3) « La ville japonaise d'Atami est située sur le .... » explique un guide.
4) « La .... est provoquée par un manque de pluie. » explique un géographe.
5) « Mon pays est situé sous les .... » dit un Australien.
6) « Les premiers hommes vivaient de la pêche et de la .... » dit un historien.
7) « Il fait très chaud. Allons nous .... au bar de l'hôtel ! » dit un touriste.
8) « Il y a de très belles .... de sable fin ici. » dit un Nouméen.
9) « Il y a des .... de tremblement de terre en France ? » demande Jun à Tom.

3 日本語と同じ意味を表すフランス語を選びましょう。

アダムはウィンタースポーツのほうがマリンスポーツより好きだ。

ⓐ Adam préfère les sports nautiques aux sports d'hiver.
ⓑ Adam aime mieux les sports d'hiver que les sports nautiques.
ⓒ Adam aime les sports nautiques, mais moins que les sports d'hiver.

p.80 テキストの訳　　海洋国

　日本は本質的に海洋国である。海は漁業や水産養殖を通じて、住民に食料の大部分を提供している。多くの港は国際貿易を可能にし、外の世界への入り口となっている。津波のような危険にもかかわらず、沿岸は相変わらず人口密集地域である。

　フランス人もまた、地中海 (la grande bleue) と大西洋 (le grand bleu) という海洋の世界に強い愛着をもっているが、その方法は異なる。この国の海事経済の半分は観光に関連して、食料はそれよりも少ない。フランス人の34％が週2回海産物（魚、貝）を食べるのに対し、日本人は60％である。選択肢があれば、多くの人は都会や山間部、田舎よりも海辺に住むことを選ぶだろう。それに海岸での休暇も非常に人気がある。

　フランスはアメリカ合衆国に次いで地球上で2番目に大きな海域を有している。氷河の融解による海面上昇のため、フランス初の気候難民は近い将来、太平洋に浮かぶポリネシアの環礁を離れ、別の場所で暮らすことになる。フランスの詩人、シャルル・ボードレールは次のような素敵な一節を書いている。「自由な人はいつも海を愛する」。今後もこのようなことができるだろうのか？

p.84 インタビューの訳

ジュスティナが、まもなく熱帯地方に旅行に行く予定のインスタグラマーの質問に答えます。
―22年間、ヌメアに住んでおられたのですね。初めて到着されたときの印象は？
―海水浴の町です！　フランス本土も沿岸部はとても美しいですが、ニューカレドニアのターコイズブルーの海の色と気温は比べものになりません。
―そこでの生活の魅力はなんですか？
―ヌメアは浜辺に囲まれていて、涼みたいときや単に海水浴場を利用したいときに自由に行くことができるんです。
―マリンスポーツはしましたか？
―この島は海の生物が非常に豊富で、観光客だけでなく地元民からも評判が良いです。夫とはよくシュノーケリングに行っていました。釣りや狩猟は住民たちのお気に入りのアクティビティです。
―海の怖さを感じたことはありますか？
―ええ、海は危険になり得ます。海に出る前にはどんな場合も天気予報を確認しなければなりません。ニューカレドニアはサイクロンと、夏の間は日照りと森林火災にさらされます。今日では新たな問題が生じています。サメに襲われる危険性です。
―現在は（シャンパーニュ地方の）エペルネにお住まいですね。気候は違いますか？
―ここでの季節の移り変わりが好きです。でも、この冬は家族でニューカレドニアに行くほうがいいなと思いました。毎年そうするかどうかですか？　それはこの先にならないとわかりませんね。

11 Destination Japon (2)

Les touristes français sont heureux de découvrir le Japon. Mais ils font aussi quelques reproches au pays et à ses habitants. Voici les plus courants !

– Les temples, les jardins sont magnifiques, mais le paysage urbain n'est pas très beau, avec des poteaux électriques partout. Il manque une certaine unité architecturale.

– Dans les régions touristiques très populaires, comme Kyoto ou Tokyo, les foules peuvent être importantes. L'expérience est alors moins agréable.

– En ville, il y a beaucoup d'annonces sonores : c'est assez bruyant, dans les trains, les bus, le métro aussi. Dans certains temples, on ne trouve pas l'ambiance calme et recueillie de nos églises.

– Beaucoup de Japonais ne parlent pas couramment l'anglais ou d'autres langues étrangères. La communication est quelquefois difficile.

– Les chambres d'hôtels sont plus petites qu'en France. C'est inconfortable, surtout si on voyage en famille ou avec beaucoup de bagages.

– Le Japon semble peu soucieux d'écologie. Il y a parfois deux ou trois magasins de proximité très proches les uns des autres. Les distributeurs de boissons sont trop nombreux. Les cadeaux sont emballés avec trop de papier ou de carton.

Ces critiques ne sont pas universelles. La grande majorité des touristes français apprécient énormément leur séjour au Japon malgré ces quelques points négatifs !

Grande foule à Shibuya

5課の Destination Japon（1）は来日するフランス人観光客たちからの好意的な意見でした。この課では批判的な意見をみていきます。私たちにも思い当たる指摘が多いのではないでしょうか。

Vocabulaire

- reproche 男 非難　*cf.* reprocher 他動 〜を非難する
- urbain(e) 形 都市の、都会の ⇔ rural 形 田舎の
- poteau électrique 男 電柱　*cf.* fil électrique 男 電線
- il manque ...〔非人称構文〕〜に欠けている、足りない → p.90　**Petit rappel**
- unité 女 統一性、単位　※ uni- は「単一の」を示す接頭辞
- architectural(e) 形 建築の　*cf.* architecture 女 建築
- foule 女 群衆、人だかり　*cf.* une *foule* de + 無冠詞複数名詞：たくさんの〜
- expérience 女 経験、体験　*cf.* faire l'*expérience* de ... 〜を体験する
- annonce (sonore) 女 アナウンス　*cf.* annoncer 他動 〜を知らせる
- bruyant(e) 形 騒がしい、やかましい　*cf.* bruit 男 音、騒音
- ambiance 男 環境、雰囲気　*cf.* ambiant(e) 形 周囲の
- recueilli(e) 形 瞑想的な（← recueillir「集める」の過去分詞）
- couramment 副 流暢に　*cf.* courant(e) 形 流れるような、滑らかな
- inconfortable 形 快適ではない ⇔ confortable 形 快適な
- bagage 男〔多くは複数形で〕（旅行のための）荷物
- soucieux / soucieuse 形 de... 〜に関心がある、心配している　*cf.* souci 男 心配
- écologie 女 環境保護　*cf.* écologiste 名 環境保護論者
- distributeur de boissons 男 飲料自販機
- emballer 他動 〜を包装する　*cf.* emballage 男 包装
- carton 男 厚紙、ボール紙　*cf.* cartonnage 男 厚紙製品
- critique 女 非難、批評　*cf.* critiquer 他動 〜を批判する
- universel(le) 形 普遍的な、一般的な　*cf.* universellement 副 普遍的に
- énormément 副 非常に　*cf.* énorme 形 すごい、並外れた
- point 男 点　*point* de vue 観点、視点
- négatif / négative 形 否定的な ⇔ positif / positive 形 肯定的な

Petit rappel

動詞 manquer の用法

1. **manquer de** *qch* 「〜が不足している」

    « Pendant mon séjour, j'*ai manqué de* temps pour aller à Nagasaki. »
    「滞在中、長崎に行く時間がなくなってしまった」

2. **manquer** *qn* / *qch* (à *qn*) 「欠けている、いない」

    « La visite est terminée. Le bus doit partir, mais il *manque* 3 personnes ! »
    「ツアー終了。バスは出発せねばならないが、3人足りない！」

3. **manquer à** *qn* 「〜にとって懐かしい」

    « J'aime le Japon, mais la France *me manque* ! »
    「日本は大好きだが、フランスが恋しい」

4. 人が主語 + **manquer** *qch* 「〜に乗り遅れる」

    « Oh zut, nous *avons manqué* notre shinkansen ! »
    「ちえっ、新幹線に乗り遅れた！」

certain(e) の用法

p.88 のテクスト 4 行目にある形容詞 certain(e) は、さまざまな場面で使われます。用法を確認しておきましょう。

1. 人が主語 + **certain(e)** / **c'est certain** 「確かな、確実な」

    – Vous *êtes certain* qu'il y aura de la neige à cette époque à Hokkaido ?
    – C'est *certain*.
    「この時期に北海道で雪が降るというのは本当ですか？」
    「確かです」

2. **certain(e)s** + 無冠詞名詞の複数形 「いくつかの〜」

    « *Certains* temples ferment le soir, souvent vers 17 h. »
    「寺院によっては夕方、多くは午後5時頃に閉まる」

3. **un(e) certain(e)** + 名詞 「ある〜」

    « *Un certain* nombre des maisons de ce quartier datent de l'époque Édo. »
    「この地区は、江戸時代に建てられた家々が数多くある」

    « *Un certain* M. Suzuki vous demande à la réception de l'hôtel. »
    「鈴木さんという方がホテルのフロントでお待ちです」

Comprendre

Vrai ou Faux ?

p.88 のテクストの内容と合っていれば V、間違っていれば F を書きましょう。

1) Les touristes français n'ont aucun reproche à faire au Japon.　　　( )
2) Pour les touristes français, tout est très beau au Japon.　　　( )
3) Communiquer avec les Japonais(e)s n'est pas toujours très facile.　　　( )
4) Quand il y a trop de monde, c'est moins intéressant de faire du tourisme.　　　( )
5) Les touristes français apprécient la manière d'emballer les cadeaux au Japon.　　　( )

Choisissez la bonne réponse !

[1] p.88 のテクストを読み、正しい答えを選びましょう。

1) Quelles sortes de reproches sont présentés dans ce texte ?
   - ☐ les plus étranges.
   - ☐ les plus habituels.
   - ☐ les plus négatifs.

2) Pourquoi certains touristes français n'aiment pas trop les rues au Japon ?
   - ☐ parce qu'il y a trop de piétons et de voitures.
   - ☐ parce que le style des bâtiments est trop différent.
   - ☐ parce que les gens ne sont pas polis.

3) Quel pourcentage représente le mieux l'avis positif des Français sur le Japon ?
   - ☐ 35 %.
   - ☐ 51 %.
   - ☐ 85 %.

[2] p.88 のテクストを読み、それぞれが意味している内容を選びましょう。

1) Que représente le pronom « on » utilisé dans ce texte ?
   - ☐ l'auteur et ses amis
   - ☐ les touristes français en général en visite au Japon
   - ☐ quelqu'un

2) Que signifie « *quelques points négatifs* » dans la dernière phrase du texte ?
   - ☐ Il y a beaucoup de points négatifs.
   - ☐ Les Français sont trop négatifs dans leur critique du Japon.
   - ☐ Les points négatifs sont finalement peu nombreux.

Interview

Ryusuke Murata, guide francophone au Japon, parle de son travail avec les touristes français.

🎤 Comment êtes-vous devenu guide francophone ?

👦 Pendant mes études de français à Kyoto, j'ai accompagné bénévolement des étudiants de l'École Polytechnique et une équipe de tournage. Par la suite, je suis devenu accompagnateur touristique. J'ai compris que je pouvais gagner ma vie en travaillant en français.

🎤 Quelles qualités trouvez-vous aux touristes français ?

👦 Ils sont curieux de tout : la culture traditionnelle, l'histoire, la gastronomie. Mais je suis surpris à quel point ils sont intéressés par les actualités et les problèmes sociaux. Je reçois souvent des questions sur le vieillissement, le taux de natalité, la sécurité sociale, les conditions de travail au Japon. Je comprends mieux mon pays grâce à leur regard sur nous ! Ils l'observent d'une manière différente de la nôtre !

🎤 Et quels défauts, en toute sincérité ?

👦 Certains ont du mal à sortir de leurs habitudes alimentaires. Ils sont finalement conservateurs dans leur alimentation. Ils sont aussi moins ponctuels que les Japonais : il faut toujours prévoir une marge de temps plus grande que ce qui est planifié.

🎤 Selon vous, qu'attendent les touristes français de leur guide ?

👦 Des connaissances historiques, mais pas seulement ! Il doit avoir un bon sens de la communication, des capacités d'écoute, d'adaptation, de flexibilité et d'hospitalité. Humour, sourire, contact humain, voilà ce que privilégieront toujours les touristes français !

Ryusuke Murata（村田龍介）

京都産業大学フランス語学科卒業。2008年からフリーランスでフランス語通訳、旅行番組や映画撮影のコーディネート、書籍翻訳などに携わる。2011年、フランス語通訳案内士の資格を取得。インバウンド需要の復活にともない、フランス語圏からの来日客の通訳として、多忙な日々を送っている。

Vocabulaire

- tournage 男 撮影　équipe de *tournage* 撮影班
- par la suite のちに、あとで
- accompagnateur / accompagnatrice 名 （観光などの）ガイド、添乗員、同伴者
- gagner sa vie 生活費を稼ぐ、生計を立てる
- curieux / curieuse 形 de tout あらゆることに好奇心旺盛な
- les actualités 女〔複数形で〕現在性、時事、ニュース、現在性
- recevoir (une question) 他動 （質問を）受ける、もらう
- vieillissement 男 老化、年をとること
- taux 男 率、パーセンテージ　*taux* de natalité 出生率
  cf. taux de mortalité 死亡率
- sécurité sociale 女 社会保障
- conditions de travail 女 労働条件
- sincérité 女 誠実さ、率直さ、真正さ
- avoir du mal à faire ... ～するのが困難である、容易に～できない
- conservateur / conservatrice 形 保守的な
- alimentaire 形 食物の、食品に関する　*cf.* alimentation 女 食料品、栄養
- prévoir 他動 予測する、予想する　*cf.* prévision 女 予想
- marge 女 （時間・行動などの）余裕、許容範囲、余白、マージン
- planifié(e) 形 計画された　*cf.* planifier 他動 計画化する
- capacité 女 能力、才能、容積、容量
- adaptation 女 適合、適応、脚色、翻案
- flexibilité 女 しなやかさ、柔軟性、可変、変動
- hospitalité 女 歓待、もてなすこと、ホスピタリティ

École polytechnique
(école d'ingénieurs)

Exercices

1 p.92 のインタビューを読み、正しい答えを選びましょう。

1) Pour quel média a travaillé Ryusuke Murata quand il était étudiant ?
   ☐ une chaine de télévision.
   ☐ un journal.
   ☐ un magazine français.

2) Quel était le but de Ryusuke Murata en étudiant la langue française ?
   ☐ aller travailler en France.
   ☐ gagner sa vie en utilisant la langue française.
   ☐ gagner sa vie pour devenir riche.

3) Quel est le plus important pour Ryusuke Murata dans son travail de guide ?
   ☐ avoir de bons contacts humains avec les gens qu'il accompagne.
   ☐ pouvoir montrer son savoir historique sur le Japon.
   ☐ pouvoir voyager partout au Japon (ou en France).

2 p.92 のインタビューの中から該当する語を見つけましょう。

1) « Anna manque de .... : elle ne dit pas ce qu'elle pense. » dit Noé.
2) « Jules est très .... : il n'aime pas les changements. » dit son père.
3) « J'ai du .... à comprendre ce que tu dis. » dit Kô à Jim.
4) « Julie, sois .... sinon on va rater l'avion : » dit Sayaka.
5) « Aux ...., on a parlé d'un tremblement de terre au Japon. » dit Léo.
6) « Mon départ est .... à 14 h à Roissy. » dit un voyageur.
7) « Nicolas travaille .... pour une ONG. » est fier de dire sa mère.
8) « Je .... toujours ma vie de famille à mon travail. » dit un père.

3 日本語と同じ意味を表すフランス語を選びましょう。

「リュックは、マオは時間に正確なことが多いと言う。彼はほぼいつも時間通りだ！」

ⓐ « Luc dit qu'il est plus ponctuel que Mao : lui est toujours à l'heure ! »
ⓑ « Luc dit que Mao est toujours ponctuel : il est toujours à l'heure ! »
ⓒ « Luc dit que Mao est souvent ponctuel : il est presque toujours à l'heure ! »

p.88 テキストの訳　　日本へ (2)

　フランス人観光客は日本を知ることができて喜んでいる。しかし彼らはまた、日本とその住人に対する批判もする。よく言われるのが下記のことである。
- 寺院や庭園は美しいが、都会はいたるところに電柱があり、景観はそれほど美しいとはいえない。建築の統一性が欠如している。
- 京都や東京など非常に人気のある観光地では、人が溢れることがある。これでは、あまり気持ちのいい体験はできない。
- 街中はアナウンスが多く、電車やバス、地下鉄もかなりうるさい。寺院によっては、我々の教会のような穏やかで瞑想的な雰囲気はみられない。
- 多くの日本人は英語やその他の外国語が堪能ではない。ときにはコミュニケーションが難しい。
- ホテルの部屋はフランスよりも狭い。特に家族や荷物が多い場合は快適ではない。
- 日本は環境問題にあまり関心がないようだ。時折、コンビニエンスストアがとても近い場所に2、3軒ある。飲み物の自動販売機が多すぎる。贈り物が紙や厚紙によって過剰に包装されている。

　こうした批判は普遍的なものではない。このようないくつかのマイナス点はあるものの、フランス人観光客の大半は日本での滞在を大いに楽しんでいる。

p.92 インタビューの訳

日本でフランス語話者向けのガイドをしている村田龍介が、自身の仕事についてフランス人観光客たちと話しています。

―どのようにしてフランス語話者向けのガイドになったのですか？
―京都でフランス語を学んでいた頃に、エコール・ポリテクニークの学生たちや撮影班の同行をボランティアでしていました。それから、観光ガイドになりました。フランス語で生計をたてられることに気づいたんです。
―フランス人観光客にはどんな特徴がありますか？
―伝統文化、歴史、美食、何にでも好奇心旺盛ですね。でも時事問題や社会問題で彼らが興味をもつ内容には驚かされます。日本における高齢化や出生率、社会保障、労働条件などについてよく質問されます。彼らの視点のおかげで、自分の国のことをより理解することができます！　我々とは違ったものの見かたをしますからね！
―では欠点は？　率直にお願いします。
―自分たちの食文化から逸脱できない人がいますね。食べ物に関しては結局保守的なんですよ。日本人ほど時間に正確でないということもあります。計画されていることよりも、かなり時間に余裕をもたせないといけません。
―フランス人観光客たちがガイドに求めていることはなんだとお考えですか？
―歴史的な知識でしょうが、それだけではありません！　コミュニケーション力、傾聴力、適応力、柔軟性、そしてホスピタリティが必要です。ユーモアがあって、ニコニコしていて、人間同士の触れ合いができるということが、フランス人観光客たちがいつも重視していることですね！

12 Comprendre le franponais !

Les échanges entre deux pays peuvent avoir lieu au travers de leur langue. Ainsi, le premier mot japonais entré dans un dictionnaire français serait « *obi* » en 1551, selon le Robert historique. Beaucoup d'autres ont suivi depuis, plus d'une centaine, de « *mousmé / mousmée* » en 1887 à « *futon* » en 1987 ou « *bento* » plus récemment.

Mais les mots ont voyagé d'un continent à l'autre, parfois de manière surprenante. En France, le « *mikado* », qui désigne l'Empereur au Japon, est un jeu de société. Une « *geisha* » dont les kanjis signifient « femme d'art » devient une dame aux mœurs légères dans notre littérature.

Au Japon, la préposition « avec » indique un jeune couple dans le cadre d'une rencontre amoureuse. Le mot « rendez-vous » est aussi entré dans le vocabulaire japonais, mais il ne peut être que galant, alors qu'il est plus souvent professionnel dans l'Hexagone. Le mot « café » signale seulement l'établissement où l'on va prendre une boisson, jamais celle préparée avec les grains du caféier.

La langue française a du charme pour les Japonais et on la retrouve partout, dans les publicités, sur des vitrines, des objets, des sacs, souvent avec des fautes d'orthographe et des associations de mots très étonnantes, qui n'ont aucun sens pour tout natif de la langue. On appelle cela le « franponais » et c'est finalement assez… poétique !

un exemple de « franponais »

フランスで使われている日本語の単語、日本で使われているフランス語の単語…。そして今では、フランス語風の不思議な看板を日本中のいたるところで見かけるようになりました。

Vocabulaire

- □ échange 男 交換、貿易、〔複数形で〕(国家間の) 交流
    cf. échanger 他動 〜を交換する
- □ au travers de ... 〜を通して、介して (= par)
- □ Robert historique 男 (Dictionnaire de l'histoire des mots français)
    フランス語歴史事典
- □ récemment 副 最近 *cf.* récent(e) 形 最近の
- □ continent 男 大陸 *cf.* continental(e) 形 大陸の
- □ surprenant(e) 形 意外な、驚くべき *cf.* surprendre 他動 〜を驚かせる
- □ désigner 他動 〜を指す (= signifier) *cf.* désignation 女 名称、指定
- □ jeu de société 男 室内ゲーム、ボードゲーム
- □ mœurs 女〔複数形で〕素行、品行 *mœurs* légères[faciles] 身持ちの悪い女
- □ préposition 女 前置詞
- □ indiquer 他動 〜を指し示す indicatif / indicative 形 表示する
- □ dans le cadre de ... 〜の範囲内で、〜の一環として
- □ amoureux / amoureuse 形 恋の *cf.* amour 男 愛
- □ galant(e) 形 恋愛に関する、女性に対して親切 *cf.* galanterie 女 慇懃さ
- □ professionnel(le) 形 職業上の *cf.* profession 女 職業
- □ signaler 他動 〜を示す (= indiquer) *cf.* signal 男 合図
- □ caféier 男 コーヒーの木
    cf. cafetière 女 コーヒーポット → p.98 **Petit rappel**
- □ publicité 女 広告 *cf.* publier 他動 〜を公にする
- □ vitrine 女 ショーウィンドウ *cf.* vitre 女 ガラス
- □ faute d'orthographe 女 つづり字の間違い
- □ association 女 組み合わせ *cf.* associer 他動 〜を結びつける
- □ natif / native 形 ネイティブ

Petit rappel

さまざまな接尾辞

フランス語の単語（名詞、形容詞、副詞）は、しばしば接尾辞で終わります。接尾辞の意味がわかっていると、新しい単語をよりよく理解し、すばやく語彙を増やすことができます。

1. -(i)er：〜の木

un café　　→ un café*ier*　コーヒーの木
une orange　→ un orang*er*　オレンジの木　　　une poire　→ un poir*ier*　ナシの木
une pomme　→ un pomm*ier*　リンゴの木

2. -ture：（動植物を）飼育・栽培すること

L'aquacul*ture* est l'élevage ou culture d'animaux ou plantes aquatiques.
　水産養殖とは、水生動植物の飼育や栽培のことである。

L'horticul*ture* est la culture des légumes, des petits fruits, des fleurs.
　園芸とは、野菜、果実、花の栽培である。

3. -isme：活動、主義、愛好

Faire du tour*isme*, c'est l'action de faire un « tour » (un voyage).
　観光とは「ツアー」（旅）をすることである。

Croire au social*isme*, c'est croire en un monde meilleur, plus juste.
　社会主義を信じるということは、より良い、より公平な世界を信じるということだ。

4. -nomie：法、法則、学問、専門分野

L'éco*nomie*, ce sont toutes les règles et lois d'utilisation de l'argent.
　経済学は、お金を使うためのすべての規則と法則である。

L'astro*nomie,* c'est étudier et connaitre les astres.
　天文学とは、星を研究し理解することである。

La gastro*nomie*, c'est connaitre les règles du « bien manger ».
　ガストロノミとは、「おいしく食べる」ための法則を知ることだ。

5. -ien(ne)：〜の人

Un Polynés*ien* est né en Polynésie.
　ポリネシア人はポリネシア生まれである。

Un Paris*ien* habite à Paris.
　パリジャンはパリに住んでいる。

Une Ital*ienne* a la nationalité d'un pays qui s'appelle l'Italie.
　イタリア人女性はイタリアと呼ばれる国の国籍をもっている。

Comprendre

Vrai ou Faux ?

p.96 のテクストの内容と合っていれば V、間違っていれば F を書きましょう。

1) On retrouve des mots français dans le japonais, et le contraire aussi.   (　)
2) Le mot « *bento* » est entré dans le dictionnaire français avant « *futon* ».   (　)
3) Un « rendez-vous », en France, n'est jamais amoureux.   (　)
4) En français, le mot « café » a deux sens.   (　)
5) Le franponais est un mélange de français et de japonais.   (　)

Choisissez la bonne réponse !

1 p.96 のテクストを読み、正しい答えを選びましょう。

1) Est-ce que « *obi* » est le 1er mot japonais entré dans le dictionnaire français ?
   ☐ Ce n'est pas sûr.
   ☐ Non, pas du tout.
   ☐ Oui, c'est certain.

2) Les Français ont-ils compris le sens du mot « *geisha* » au Japon ?
   ☐ Bien sûr. D'ailleurs, on retrouve ce mot dans beaucoup de livres.
   ☐ Oui, car ils aiment la langue et la culture japonaises.
   ☐ Non, ils ne l'ont pas compris et l'utilisent mal.

3) Les Français connaissent-ils et comprennent-ils bien le franponais ?
   ☐ Oui. D'ailleurs, le franponais est très populaire en France aussi.
   ☐ Oui, puisque ce sont des mots ou phrases en français.
   ☐ Non, ils le découvrent pendant leur visite au Japon.

2 p.96 のテクストを読み、それぞれが意味している内容を選びましょう。

1) Que signifie « *celle* » dans la phrase « *jamais celle préparée…* »
   ☐ (la) boisson
   ☐ (le) café
   ☐ (l') établissement

2) Que signifie « *cela* » dans la phrase « *On appelle cela le « franponais »* » ?
   ☐ le français avec des fautes d'orthographe, des associations de mots bizarres
   ☐ le français parlé au Japon
   ☐ les vitrines, les sacs, les objets, etc.

Interview

Un chercheur en linguistique pose des questions à Maïko, parfaitement bilingue.

- Quelle est votre langue maternelle ?
- C'est le français : je m'exprime mieux dans cette langue qu'en japonais. Dans mon travail, j'utilise les deux langues. C'est d'ailleurs très intéressant !
- Pourquoi ? Y a-t-il des différences dans la manière de communiquer en français et en japonais ?
- Oui. Certains mots ont des nuances difficilement traduisibles dans l'autre langue. En japonais, je pense par exemple à « *nagori* » qui ne signifie pas simplement « nostalgie », mais – ainsi que l'écrit merveilleusement Ryoko Sekiguchi – la nostalgie de la séparation, de la saison passée, d'émotions en train de disparaitre...

  Parfois, ce sont aussi des expressions entières que l'on ne retrouve pas dans sa seconde langue. Par exemple au travail, j'utilise « *otsukaresamades*u » avec mes collègues français qui comprennent ce que je veux dire, parce que je ne connais pas d'équivalent en français.
- Que pensez-vous de l'utilisation du français au Japon ?
- Je me souviens de la devanture d'une boulangerie à Nakano (Tokyo), pour son descriptif absurde en français. Je passais souvent devant et j'étais frappée par le nombre de fautes qu'il contenait. Par ailleurs, les noms de marques japonaises sont souvent en « franponais ». Pour n'en citer que quelques-uns : Maison de Fleur, Congés Payés, Francfranc, Plaire Deuxq !!! Amusant, non ?

Maïko（舞子）

関西日仏学館のメディアテーク、書籍・グローバル討論会主任。

フランスのアルザス地方生まれ。父はフランス人、母は日本人。アルザスはドイツに隣接しているため、幼稚園から高校までは仏独日3ヶ国の言語環境で育つ。フランスの大学院で演劇（専門は日本の人形劇）を専攻、留学先の京都大学では淡路島の人形浄瑠璃を研究した。

Vocabulaire

- maternel(le) 形 母（親）の、母性的な　langue *maternelle* 母語、母国語
- s'exprimer 代動 自分の考えを表現する、自己を表現する
- nuance 女 （表現・感情などの）ニュアンス、微妙な差異、陰影
- traduisible 形 翻訳可能な、翻訳できる　*cf.* traduire 他動 ～を翻訳する
- merveilleusement 副 すばらしく、みごとに
- séparation 女 分けること、分離　*cf.* se séparer 代動 de ... ～と別れる、離別する
- entier / entière 形 全部の、全体の
- vouloir dire ... ～を意味する
- équivalent(e) 形 同等の、等価の　男 同等のもの、類義語
- devanture 女 （商店などの）正面、店頭、店先
- descriptif 男 記述、描写　*cf.* décrire 他動 ～を記述する
- absurde 形 不条理な、非常識な、馬鹿げた
- frappé(e) 形 par ... ～に感銘を受けた、打たれた　*cf.* frapper 他動 自動 打つ、叩く
- contenir 他動 ～を含む
- par ailleurs 他の点では、他方では、しかし、ただし、そのうえ
- marque 女 商標、ブランド、印、マーク
- citer 他動 ～引用する、～の名を挙げる、引き合いに出す
- congés payés 男〔複数形〕有給休暇
- franc / franche 形 率直な、裏のない、はっきりした、すっきりした

Maison de Fleur と Congés Payés は婦人服、Francfranc はインテリア雑貨、Plaire Deuxq はマンションのブランド名。

Exercices

1 p.100 のインタビューを読み、正しい答えを選びましょう。

1) Avec quelle langue Maïko se sent-elle le plus à l'aise pour s'exprimer ?
   - ☐ le français.
   - ☐ le japonais.
   - ☐ Elle n'a pas vraiment de préférence pour l'une ou l'autre.

2) Le mot « nostalgie » a-t-il un sens plus riche en japonais, selon Maïko ?
   - ☐ Elle le pense.
   - ☐ Elle n'en est pas certaine.
   - ☐ Pour elle, il n'y a pas de différence avec le français.

3) Que reproche Maïko à certains messages écrits en français au Japon ?
   - ☐ Ils n'ont pas de sens et sont parfois mal écrits.
   - ☐ Ils sont impolis.
   - ☐ Ils sont intraduisibles en japonais.

2 p.100 のインタビューの中から該当する語を見つけましょう。

1) « Je dois décorer la .... de mon magasin pour Noël. » dit un boulanger.
2) « Simon, tu as fait trois .... dans ta dictée. » dit sa professeure.
3) « Depuis sa .... avec sa copine, Léo est triste. » dit sa mère.
4) « Il ne faut pas faire de .... entre ses enfants » dit un psychologue.
5) « Voici un .... de votre poste. » dit un patron à son nouvel employé.
6) « Sayaka parle trois .... : elle est trilingue. » explique son amie Lina.
7) « Ce que tu dis est .... ! » explique Jean à son fils.
8) « Peux-tu .... trois écrivains français ? » demande Léa à Yuki.

3 日本語と同じ意味を表すフランス語を選びましょう。

「マノンはサラがさっき言ったことがあまりよくわからない」
   - ⓐ « Manon ne comprend pas bien ce que Sarah veut dire. »
   - ⓑ « Manon ne comprend pas du tout ce que Sarah a voulu dire. »
   - ⓒ « Manon ne comprend pas très bien ce que Sarah vient de dire. »

p.96 テキストの訳　　フランポネを理解する

　2国間の交流は言語を介して行なわれる。たとえば、フランス語歴史事典によれば、フランス語の辞書に初めて登場した日本語は1551年の「オビ」らしい。1887年の「ムスメ」から1987年の「フトン」、最近では「ベントウ」に至るまで、100を超える多くの言葉がそのあとに続いている。

　しかし、言葉はある大陸から別の大陸へ、ときには驚くべき方法で伝わってきた。日本の天皇を指す「ミカド」が、フランスではボードゲーム（の名前）である。漢字で「芸術の女」を意味する「ゲイシャ」は、フランス文学では「身持ちの悪い女」になった。

　「アベック」という前置詞は、日本ではロマンチックな出会いの文脈で若いカップルを指す。「ランデヴー」も日本語の語彙に入ったが、恋愛に関するものでしかなく、一方、フランスでは職業上のことであることが多い。「カフェ」という言葉は、飲み物を飲みに行く場所を指すだけで、コーヒー豆から作られる飲み物を指すことはない。

　フランス語は日本人にとって魅力的で、広告、ショーウィンドウ、オブジェ、バッグなどいたるところで見られるが、スペルミスや、ネイティヴにとってはまったく意味をなさない非常に驚くべき単語の組み合わせがある。それらは「フランポネ」と呼ばれ、十分に詩的である。

p100 インタビューの訳

完全なバイリンガルである舞子に言語学者が質問を投げかけます。
―あなたの母国語はなんですか？
―フランス語です。日本語よりこちらのほうがうまく自分を表現できるんです。仕事ではどちらの言語も使います。それにしても、とってもおもしろいんですよ！
―どういうことですか？　フランス語と日本語で、コミュニケーションのしかたに違いがあるのですか？
―そうです。ある種の言葉には、もう一方の言語に訳すのが非常に難しいニュアンスがあるのです。たとえば日本語に「名残り」という言葉がありますが、これは単に「ノスタルジー」を意味するだけでなく、関口涼子が見事に書いたように、別離や、過ぎ去った季節、消えゆく感情に対する心残りを表します。表現全体がもう一方の言語では見つからない場合もよくあります。たとえば私は職場では、フランス人の同僚に対して「お疲れさまです」を使いますが、彼らは私の言いたいことを理解してくれます。フランス語には同等の言葉はないと思います。
―日本で使われているフランス語についてはどうお考えですか？
―中野（東京）にあるパン屋の店頭の記述がめちゃくちゃなフランス語だったことを覚えています。よく前を通りかかったのですが、書かれていることの間違いの多さにとても驚きました。ほかには、日本のブランド名はよく「フランポネ」になっていますね。一部だけを挙げると、メゾン・ド・フルール、コンジェ ペイエ、フランフラン、プレール・ドゥークなど！　おもしろくないですか？

13 Un métier d'art

Les tailleurs de pierre font un métier très ancien, mais qui reste méconnu. Autrefois, leurs compétences étaient nécessaires dans la construction de cathédrales, de châteaux, de ponts et d'autres édifices. Ils choisissaient d'abord avec soin la pierre la mieux adaptée au projet, participaient à son extraction des carrières, la taillaient, la polissaient, la sculptaient en fonction des besoins : un mur, une tour, une décoration architecturale, une œuvre d'art…

Avec l'industrialisation, l'arrivée de machines et de méthodes de construction modernes, le rôle des tailleurs de pierre a changé, mais il est toujours important. Ils sont indispensables pour la restauration et la préservation des bâtiments historiques : ils remplacent les pierres abimées par le temps, la pollution ou les guerres. Ils savent refaire à l'identique des éléments sculptés détruits. Aujourd'hui encore, la pierre naturelle est utilisée dans l'architecture contemporaine, parce qu'elle a une grande beauté esthétique et qu'elle est durable, ou pour les monuments funéraires.

Cathédrale Notre-Dame de Reims

Comme les charpentiers au Japon qui travaillent le bois pour réparer ou construire des temples, les tailleurs de pierre sont des artisans très qualifiés. Il faut rendre hommage à ces métiers d'art !

日本の宮大工と同様、フランスには教会や大聖堂など石の建造物を修復する tailleur / tailleuse de pierre という職業があります。どんな仕事をするのか、見ていきましょう。

Vocabulaire

- ☐ tailleur / tailleuse de pierre 名 石工　*cf.* tailler 他動 〜を切る
- ☐ ancien(ne) 形 古くからある ⟺ récent(e) 形 最近の　→ p.106 Petit rappel
- ☐ méconnu(e) 形 正しく評価されていない　→ p.106 Petit rappel
- ☐ compétence 女 能力　*cf.* compétent(e) 形 有能な　compétition 女 競争
- ☐ cathédrale 女（司教座のある）大聖堂　→ p.106 Synonymes
- ☐ édifice 男 大建造物　*cf.* édifier 他動 〜を建てる　édification 女 建造
- ☐ avec soin 丁寧に　*cf.* soigneusement 副 念入りに
- ☐ adapté(e) 形 適合した　*cf.* adapter 他動 〜を調和させる
- ☐ extraction 女 採掘　*cf.* extraire 他動 〜を抜き出す
- ☐ carrière (de pierres) 女 採石場、石切り場　*cf.* carrier 男 採石業者
- ☐ polir 他動 〜を磨く　*cf.* polissage 男 研磨
- ☐ sculpter 他動 〜を彫る　*cf.* sculpture 女 彫刻　sculpteur 男 彫刻家
- ☐ industrialisation 女 産業化　*cf.* industrie 女 工業　industriel(le) 形 工業の
- ☐ restauration 女 修復　*cf.* restaurer 他動 〜を復元する
- ☐ préservation 女 保護　*cf.* préserver 他動 〜を守る
- ☐ abimé(e) 形 傷んだ　*cf.* abimer 他動 〜を傷める
- ☐ à l'identique （オリジナルの作品を忠実に再現した）複製、復元など
- ☐ élément 男 材料、部品　*cf.* élémentaire 形 基本の
- ☐ esthétique 形 美的な
- ☐ durable 形 耐久性のある、長続きする　*cf.* durée 女 継続期間
- ☐ funéraire 形 葬儀の、墓の　*cf.* funérailles 女〔複数形で〕葬儀
- ☐ charpentier / charpentière 名 大工
- ☐ réparer 他動 〜を修繕する　*cf.* réparation 女 修理
- ☐ artisan 男 職人　*cf.* artisanal(e) 形 職人の、手作りの
- ☐ qualifié(e) 形 資格のある　*cf.* qualifier 他動 〜に資格を与える

Petit rappel

ancien(ne) と vieux / vieille の使い分け

どちらも「古くからある」の意ですが、ancien(ne) には、骨董品としての価値がある場合や別の時代に属しているというニュアンスがあります。

  des meubles *anciens*　年代物の家具　　　de *vieux* meubles　古びた家具

また ancien(ne) は名詞の前に置かれた場合は、「いま存在しない」「昔はそうだったけど、いまは違う」の意となります。

  l'*Ancien* Régime　旧体制　　　son *ancienne* femme　彼の元妻
  un *ancien* ami　（今は交流のない）かつての友人
  un *vieil* ami　（今も交流のある）古くからの友人

vieux は客観的な意味の「年老いた」の場合には名詞の後に置かれます。

  un ami *vieux*　年老いた友人

méconnu(e) と inconnu(e) の使い分け

この 2 語はよく混同されるので使い方に注意しましょう。

inconnu(e)：知られていない、見たことも聞いたこともない
 « Ce chanteur est totalement *inconnu* en France. »
  「この歌手はフランスでは全く知られていない」
méconnu(e)：十分に知られていないため、無視され、過小評価されている
 « Ce peintre est *méconnu* : il a pourtant beaucoup de talent ! »
  「この画家は正当な評価を受けていないが、才能にあふれている！」

Synonymes

教会や寺院を意味する語をまとめておきましょう。

 chapelle 女 小聖堂、病院や学校に付属する礼拝堂
 église 女 カトリックの教会堂
 cathédrale 女 司教区の司教座が置かれた教会堂
 basilique 女 教皇から特権を与えられた由緒ある聖堂
 mosquée 女 イスラム教の寺院
 temple (protestant) 男 プロテスタントの礼拝堂
 temple (bouddhique) 男 寺院
 synagogue 女 ユダヤ教の神殿

Comprendre

Vrai ou Faux ?

p.104 のテクストの内容と合っていれば V、間違っていれば F を書きましょう。

1) Le métier de tailleur de pierre est une profession mal connue des Français. (　)
2) Le tailleur de pierre choisit la pierre qui sera utilisée pour le projet. (　)
3) Le travail du tailleur de pierre a changé avec le temps. (　)
4) La pierre ne s'abime pas. (　)
5) Aujourd'hui, on n'utilise plus la pierre dans les constructions. (　)

Choisissez la bonne réponse !

1 p.104 のテクストを読み、正しい答えを選びましょう。

1) Quel est le premier travail que doit faire un tailleur de pierre pour un projet ?
   ☐ choisir la pierre la moins chère.
   ☐ choisir la pierre la plus jolie.
   ☐ choisir la pierre qui convient le mieux.

2) Qu'est-ce qu'un monument funéraire ?
   ☐ C'est la statue d'une personne célèbre, sur la place d'un village ou d'une ville.
   ☐ C'est un cimetière.
   ☐ C'est un lieu de souvenir pour la famille et les proches d'une personne décédée.

3) Que signifie la conclusion du texte (sa dernière phrase) ?
   ☐ Les charpentiers et les tailleurs de pierre sont des artistes.
   ☐ Les tailleurs de pierre sont des artistes, les charpentiers non.
   ☐ Travailler le bois est plus artistique que travailler la pierre.

2 p.104 のテクストを読み、それぞれが意味している内容を選びましょう。

1) Que signifie « *la* » dans la phrase « *la taillaient, la polissaient, la sculptaient* » ?
   ☐ la carrière
   ☐ l'extraction
   ☐ la pierre

2) Que signifie « *elle* » dans la phrase « *parce qu'elle a une grande beauté…* » ?
   ☐ l'architecture contemporaine
   ☐ la pierre naturelle
   ☐ la pollution

Interview

Alain Mainhagu, artiste de la pierre, nous présente sa passion.

🎤 Tailleur de pierre, ce n'est pas un métier dont rêvent les petits enfants en général ? Quel a été votre parcours ?

👓 Jeune, je refusais l'école, je m'ennuyais dans ma vie. Par un heureux hasard, j'ai rencontré un « prévôt », un responsable de formation aux métiers traditionnels. Il m'a proposé de tailler ma première pierre. J'ai été émerveillé : avec quelques outils et mes mains, je pouvais façonner un matériau pourtant très dur : la pierre. J'ai fait de cette passion ma profession d'autant que j'ai toujours été sensible à la beauté et à l'Histoire.

🎤 Pourquoi pas sculpteur ?

👓 Le tailleur de pierre travaille en équipe sur un projet très précis, la rénovation de la voute d'une église par exemple. La pierre sur laquelle il travaille doit parfaitement s'harmoniser avec celles de ses compagnons pour que sa mission soit réussie. J'aime cet esprit collectif. Le sculpteur est un artiste qui suit son imagination en solitaire.

🎤 Où avez-vous travaillé ?

👓 Dans toute l'Europe, mais j'ai aussi travaillé sur des chantiers en France, dans les cathédrales de Reims, Bordeaux, Marseille ou à la basilique de Saint-Denis, près de Paris.

🎤 Le métier est-il toujours le même ?

👓 Non, il a plus changé en 30 ans qu'en 3000 ans. La technologie a bouleversé les techniques. Celles-ci ont beaucoup changé, mais bon sens et expérience restent toujours indispensables !

Alain Mainhagu（アラン・マンナギュ）

1976年に歴史的建造物の石工免許を取得、フランス国内およびヨーロッパ各地でゴシック様式、バロック様式の建造物の修復にあたる。1988年以後は教育者としても活躍し、石工としての自分の情熱や技術、仕事に対する愛情を後進たちに伝えた。50年近い専門家としてのキャリアを終えた引退後は、デッサンを学び始めているという。

Vocabulaire

- parcours 男 行程、過程、経路　*cf.* parcourir 他動 〜を歩き回る
- refuser 他動 〜を断る、拒む　*cf.* refus 男 拒否
- s'ennuyer 代動 退屈する、うんざりする　*cf.* ennui 男 退屈
- formation 女 教育、育成、形成
- être émerveillé(e) par ... 〜に感嘆する、〜に驚嘆する
- outil 男 工具、道具
- façonner 他動 〜を形づくる、加工する
- matériau 男 (建築などの) 材料、資材

façonner

- d'autant que ... 〜だから、〜であるだけに
- sensible 形 敏感な　être *sensible* à ... 〜に敏感な、〜に心を動かされた
- précis(e) 形 正確な、明確な
- rénovation 女 改修、改築、革新、一新
- voute 女 穹窿、丸天井
- s'harmoniser 代動 avec ... 〜と調和する、釣り合う、似合う
- esprit 男 精神、心、才気、霊、知性、知力、思考、意識
- collectif / collective 形 集団の、共同の
- chantier 男 建設 (工事) 現場、作業場
- basilique 女 バジリカ
- technologie 女 テクノロジー、工学、科学技術学
- bouleverser 他動 〜を一変させる、ひっくり返す、覆す
- technique 女 技法、技巧、技術
- bon sens 男 常識、分別、良識　avoir du *bon sens* 良識のある

une voute

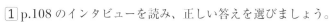

Exercices

1 p.108 のインタビューを読み、正しい答えを選びましょう。

1) Qui a fait découvrir le métier de tailleur de pierre à Alain Mainhagu ?
   ☐ son maitre à l'école primaire.
   ☐ un monsieur qui s'appelle Prévôt.
   ☐ un responsable de la formation des tailleurs de pierre.

2) Qu'est-ce qui attire Alain Mainhagu dans le métier de tailleur de pierre ?
   ☐ Il aime travailler seul sur l'œuvre à réaliser.
   ☐ L'œuvre à réaliser est une création personnelle, qu'il pourra signer.
   ☐ L'œuvre à réaliser doit se faire à plusieurs en parfaite harmonie.

3) Le métier de tailleur de pierre est-il le même qu'autrefois ?
   ☐ Non, il a changé récemment grâce aux progrès techniques.
   ☐ Non, il a changé tout au long des époques passées.
   ☐ Oui, car c'est un travail qui doit respecter les traditions.

2 p.108 のインタビューの中から該当する語を見つけましょう。

1) « Je vais travailler sur le .... de Notre-Dame de Paris. » dit Alain.
2) « Au Japon, le bois est un .... très utilisé. » dit M. Suzuki.
3) « Pendant le cours de maths, je .... » dit un élève.
4) « La .... de Notre-Dame de Paris a coûté beaucoup d'argent. » dit un guide.
5) « Pierre a .... un poste de professeur à Lyon. » dit son amie Léa.
6) « Je dois être très .... dans mes gestes. » dit un horloger.
7) « Les compagnies low-cost ont .... le transport aérien. » explique un pilote.
8) « Je suis très .... à la musique de Mozart. » dit un mélomane.
9) « J'aime le football parce que c'est un sport .... » dit Ruy Ramos.

3 日本語と同じ意味を表すフランス語を選びましょう。

アランはこの礼拝堂の壁の年月を経て古びた石を取り替える。

    ⓐ Alain remplace une pierre usée par le temps, dans le mur de cette chapelle.
    ⓑ Alain remplace une pierre dans le mur, usé par le temps, de cette chapelle.
    ⓒ Alain remplace un mur en pierres, usé par le temps, dans cette chapelle.

p.104 テクストの訳　　芸術職

　石工は、ずいぶん以前からある職業であるが、正しく評価されていない。かつては大聖堂や城、橋、その他の建造物の建設に彼らの技術が必要とされた。石工はまずプロジェクトに最適な石を慎重に選び、採石場から石を取り出すのを手伝い、壁、塔、建築装飾、芸術作品…といった需要に合わせて石を切り、磨き、彫刻した。

　工業化によって近代的な機械や工法が到来し、石工の役割は変化したが、今でも重要な仕事であることに変わりはない。歴史的建造物の修復や保存に不可欠であり、時代や汚染、戦争によって傷ついた石材を替える。彼らは、破壊された彫刻の部分を忠実に復元するすべを知っている。今日でも天然石は、その審美的な美しさと耐久性から、現代建築、あるいは埋葬用の記念碑に使われている。

　日本の大工が木材を使って寺院の修理や建築をするように、石工は高度な技術をもつ職人である。私たちはこれらの芸術職に敬意を払わなければならない。

p.108 インタビューの訳

石工であるアラン・マンナギュが自分の情熱について私たちに語ります。
―石工という仕事は一般的に小さな子どもがなりたいと夢見るような職業ではありませんね。どのような経緯だったのですか？
―若い頃は学校が嫌で、つまらない毎日を送っていました。ありがたいことに偶然、伝統的な職業の育成責任者である「親方」と出会ったのです。その人は私に、初めての石を切ってみないかと言いました。ただただ驚くばかりでした。いくつかの道具と自分の手で、非常に硬い素材、つまり石を刻むことができたのです。常々、美や歴史に心を動かされていたこともあり、この情熱を仕事にすることにしました。
―どうして彫刻家ではなかったのですか？
―石工は非常に明確なプロジェクトのためにチームで働きます。たとえば教会の穹窿の修復です。とりかかる石は、周りと完璧に調和して、初めてその任務が成功したと言えます。私はこの共同でやるという精神が好きなのです。彫刻家は単独で自分のイマジネーションに従うアーティストです。
―どちらで仕事をされましたか？
―ヨーロッパ中ですが、フランスの作業現場、ランス、ボルドー、マルセイユの大聖堂や、パリ近郊サン・ドニのバジリカでも仕事をしました。
―仕事内容はいつも同じですか？
―いいえ、この30年間で、3000年前から以上に変化しました。テクノロジーが技法を一変させたのです。技法はだいぶ変わりましたが、良識と経験が必須であることに変わりはありません。

14 Paris, je t'aime !

La moitié des touristes américains et japonais ayant séjourné à Paris déclarent qu'ils désirent y revenir une deuxième fois (ou plus). C'est vrai ! La *Ville Lumière* mérite plusieurs visites.

le musée des Mathématiques

Les gourmets y ont le choix entre les centaines de bistros, de brasseries, de grands restaurants étoilés. Les amatrices et amateurs de culture et de sciences passent leurs journées dans l'un des 206 musées de la ville, du plus ancien, le musée Carnavalet, au plus récent, le musée des Mathématiques. Les férus de nature se promènent le long de la Seine ou des canaux, déambulent dans le Jardin des Plantes ou font leur jogging dans un des nombreux parcs. Ils vont observer la biodiversité au Bois de Vincennes. Les aventuriers préfèrent découvrir des endroits originaux : le Jardin japonais du Panthéon Bouddhique, les passages couverts, la tombe de Chopin au cimetière du Père Lachaise. Les cinéphiles, eux, partent à la recherche de lieux où ont été tournées des scènes célèbres de films ou de séries : les marches du Sacré-Cœur (Amélie), la place Vendôme (Da Vinci code), les cascades sur la Tour Eiffel (James Bond), l'Opéra Garnier (Lupin).

Alors, votre prochain but de voyage sera-t-il Paris ?

un passage couvert

「光の都」と言われるパリは、短期間の滞在では見尽くせないほどの名所や魅力にあふれています。多くの人を魅了するこの街の力はどんなところにあるのでしょうか。

Vocabulaire

- ayant 動詞 avoir の現在分詞
- déclarer 他動 〜と宣言する　*cf.* déclaration 女 宣言
- désirer 他動 〜を望む　*cf.* désir 男 願望　désirable 形 望ましい
- gourmet 男 食通　*cf.* gourmand(e) 名 食いしん坊　gout 男 味
- bistro 男 ビストロ（安価な小レストラン）　→ p.114　Synonymes
- étoilé(e) 形 ミシュランガイドの星を獲得した　*cf.* étoile 女 星
- amateur / amatrice 名 愛好家
- culture 女 教養、文化　*cf.* culturel(le) 形 文化の
- féru(e) 名 de ... 〜に夢中になっている人　形 〜に夢中になった
- le long de ＋場所　〜に沿って
- canal〔複数形 canaux〕男 運河　*cf.* canalisation 女 航行可能にすること
- déambuler 自動 ぶらつく、散歩する（= se balader, se promener）
- Jardin des Plantes 植物園（= jardin botanique）
- biodiversité 女 生命の多様性　※ bio- は生命、生物、生体を示す接頭辞
- aventurier / aventurière 名 冒険家　*cf.* aventure 女 冒険、意外な出来事
- original(e)〔男性複数形 originaux〕形 オリジナルの、独創的な
- passage couvert 男 アーケード、横丁
- tombe 女 墓　*cf.* tombeau 男 墓碑、墓標
- cimetière 男 墓地
- cinéphile 名 映画好き　形 映画好きの　※ -phile は「〜好き」を示す接尾辞
- à la recherche de ... 〜を探して、〜を求めて
- tourner 他動（映画を）撮影する　*cf.* tournage 男（映画の）撮影
- scène 女 場面、シーン　*cf.* scénario 男（映画の）シナリオ
- marche (d'escalier) 女（階段の）段　*cf.* marcher 自動 歩く
- cascade 女（映画の）スタント　*cf.* cascadeur / cascadeuse 名 スタントマン
- but 男 目的、行き先、ゴール

> **Petit rappel**

la moitié + 動詞 3 人称単数 と la moitié + 動詞 3 人称複数

p.112 の冒頭にある la moitié のニュアンスを確認しておきましょう。

〈la moitié + 動詞 3 人称単数〉の場合は 50％（半数）を意味します。

La moitié des touristes de ce groupe *est montée* en haut de la tour Eiffel.

　　このグループの半数はエッフェル塔に上りました。　　　※動詞は la moitié に一致

〈la moitié + 動詞 3 人称複数〉の場合は約 50％（約半数）を意味します。

La moitié des touristes de ce groupe *sont montés* en haut de la tour Eiffel.

　　このグループの約半数はエッフェル塔に上りました。　　　※動詞は les touristes に一致

visiter と rendre visite (à)

「訪れる」を意味する visiter と rendre visite (à) の違いを確認しておきましょう。visiter は常に場所を伴い、人が続くことはありません。rendre visite (à) は常に人を伴い、場所が続くことはありません。

Kento *a visité* le musée d'Orsay pendant que Sayaka *rendait visite à* une amie française.

　　沙也香がフランス人の友人を訪ねている間、健人はエッフェル塔を訪れた。

demain と le lendemain

「今日」を基準とした hier（昨日）、aujourd'hui（今日）、demain（明日）に対し、「その日」を基準とした la veille（前日）、ce jour-là（その日）、le lendemain（翌日）があります。間接話法の際には特に注意しましょう。

> **Synonymes**

食堂やレストランの類義語を確認しておきましょう。

　　buffet 男 駅構内などの軽食堂
　　bistro 男 ビストロ（安価な小レストラン）
　　taverne 女 田舎風カフェレストラン、居酒屋
　　brasserie 女 ブラッスリー（大きなカフェレストラン）
　　restaurant 男 レストラン
　　grand restaurant 男 高級レストラン
　　cantine 女 社員食堂、学校の食堂
　　resto U / RU 男 学生食堂（= restaurant universitaire）

Comprendre

Vrai ou Faux ?

p.112 のテクストの内容と合っていれば V、間違っていれば F を書きましょう。

1) 50 % des touristes étrangers visitant Paris veulent y revenir. ( )
2) Pour l'auteur de ce texte, il faut visiter Paris plus d'une fois. ( )
3) Il y a moins d'une centaine de musées à Paris. ( )
4) Certains touristes aiment découvrir la nature au bois de Vincennes. ( )
5) Les cinéphiles aiment tous les films qui parlent de Paris. ( )

Choisissez la bonne réponse !

[1] p.112 のテクストを読み、正しい答えを選びましょう。

1) Qu'est-ce qu'un gourmet ?
   - ☐ une personne qui boit et mange trop.
   - ☐ une personne qui aime les bons plats et les bons vins.
   - ☐ une personne gourmande.

2) Que veut dire « déambuler » ?
   - ☐ marcher à la rencontre de quelqu'un.
   - ☐ marcher rapidement.
   - ☐ marcher sans but, aller là où on a envie d'aller.

3) Qu'est-ce qu'un passage couvert ?
   - ☐ une avenue qui passe sous un tunnel.
   - ☐ une rue piétonne, couverte par un toit en verre, avec de nombreuses boutiques.
   - ☐ une rue qui relie deux gares.

[2] p.112 のテクストを読み、それぞれが意味している内容を選びましょう。

1) Que signifie « y » dans la phrase « *Les gourmets y ont le choix…* » ?
   - ☐ dans les restaurants à Paris
   - ☐ dans la Ville Lumière, c'est-à-dire Paris.
   - ☐ pendant les visites à Paris

2) Que signifie « eux » dans la phrase « *Les cinéphiles, eux, partent à la recherche …* » ?
   - ☐ les cinéphiles (les gens qui aiment le cinéma)
   - ☐ les lieux
   - ☐ les Parisiens qui aiment le cinéma

Interview

Kô est interviewé par notre journaliste sur son amour de Paris.

- 🎤 Kô, vous êtes un grand fan de Paris, n'est-ce pas ? Combien de fois y êtes-vous allé ?
- 🙂 Mille fois ! (rires). En vrai, j'y ai fait plus d'une vingtaine de séjours !
- 🎤 Vous restez toujours dans un hôtel ?
- 🙂 Non, j'aime louer un appartement de style parisien, avec une jolie vue sur la ville.
- 🎤 Qu'est-ce qui vous attire dans la capitale ?
- 🙂 Tout ! J'adore la ville de jour comme de nuit.
- 🎤 Quels lieux ne manquez-vous pas de visiter quand vous êtes à Paris ?
- 🙂 Je vais toujours dans le quartier des Batignolles. La population y est mélangée : des « bobo chic » comme vous dites, et des gens plus modestes. Le parc Monceau est un lieu de promenade très agréable. Je flâne aussi souvent dans le Marais. On y sent un souffle de liberté. On y rencontre les vrais Parisiens, amusants, plein d'humour, sympas. Les magasins sont élégants, les galeries d'art très nombreuses. Je m'y sens bien.
- 🎤 Alors Paris ou province ?
- 🙂 Quand je viens de la province et que j'arrive à Paris, je suis toujours déçu : je trouve la ville sale, bruyante, inamicale. Mais le lendemain, je tombe à nouveau sous son charme. Il y a tant de choses à faire, à voir et à vivre dans la *Ville Lumière* !
- 🎤 Votre prochain séjour ici, ce sera quand ?
- 🙂 Ce sera en mai prochain.

Kô Takahashi（髙橋 功）
シンガーソングライター。
京都外国語大学フランス語学科卒業、現在は日本の米国系企業に勤務。パリをこよなく愛し、頻繁にフランスに滞在している。フランス語の歌も歌う。

Vocabulaire

- rire 男 笑い、笑い声
- en vrai 本当のところは、実のところ
- vingtaine 女（約）20 une *vingtaine* d'années 約20歳、約20年
- louer 他動 〜を賃貸しする、賃借りする、レンタルする
- style 男 様式、スタイル
- manquer 他動 de ... 〜が足りない、欠けている
   ne pas *manquer* de ＋不定詞：必ず〜する
- bobo chic 名 ブルジョワ・ボヘミアン・シック ※ bobo は **bo**urgeois **bo**hème の略。chic は「おしゃれな、粋な」。資産があり、知性と教養を備え、洗練された趣味をもつ自由な精神の持ち主を指す。
- modeste 形 質素な、つつましい、ささやかな
- flâner 自動 ぶらぶら歩く、気ままに散歩する
- souffle 男 息、呼吸
- humour 男 ユーモア
- sympa 形（=sympathique）感じの良い、好ましい、好感のもてる
- galerie d'art 女 画廊
- déçu(e) 形 失望した、期待などを裏切られた *cf.* décevoir 他動 失望させる
- sale 形 汚い、汚れた、不潔な ⟺ propre 形 清潔な、きれいな
- inamical(e) 形 無愛想な、非友好的な
- lendemain 男〔定冠詞 le をつけて〕翌日 → p.114 **Petit rappel**
- tant 副 それほど、そんなに、非常に *tant* de 〜 たくさんの〜

Exercices

1 p.116 のインタビューを読み、正しい答えを選びましょう。

1) À quel moment de la journée Kô préfère-t-il Paris ?
   - ☐ à n'importe quel moment.
   - ☐ le jour.
   - ☐ la nuit.

2) Que veut dire l'expression « *Quels lieux ne manquez-vous jamais de visiter …* » ?
   - ☐ « Quels lieux allez-vous toujours visiter… »
   - ☐ « Quels lieux ne visitez-vous jamais… »
   - ☐ « Quelles visites ratez-vous… »

3) Que veut dire la cinquième réponse de Kô dans son interview ?
   - ☐ Kô devient négatif au sujet de Paris le jour suivant son arrivée dans la capitale.
   - ☐ Kô devient positif au sujet de Paris le jour suivant son arrivée dans la capitale.
   - ☐ Kô est positif au sujet de Paris peu importe quand.

2 p.116 のインタビューの中から該当する語を見つけましょう。

1) « Kô a beaucoup d'_____ : il me fait rire. » dit Julia.
2) « Le quartier Montmartre a beaucoup de _____. » dit Kô.
3) « En France, j'habite en _____, à Nancy. » dit Nathan.
4) « Je suis _____ de la chanteuse Yuming ! » dit Sayaka.
5) « J'ai visité le musée Rodin : j'ai été un peu _____. » dit un touriste.
6) « Ce quartier est _____ : il manque de poubelles . » dit une touriste.
7) « Grâce à toi, je me _____ bien en France. » dit Aya à Vanessa.
8) « Ma rue est _____ : il y a beaucoup de circulation. » dit un Parisien.
9) Coco Chanel est née dans une famille _____.
10) Les touristes aiment _____ dans les marchés parisiens.

3 日本語と同じ意味を表すフランス語を選びましょう。

映画の中でアメリはサクレ・クール寺院へ続く階段の前を通る。

- ⓐ Dans le film, Amélie passe devant les marches qui montent au Sacré-cœur.
- ⓑ Dans le film, Amélie marche et passe devant le Sacré-cœur.
- ⓒ Dans le film, Amélie passe devant le marché, devant le Sacré-cœur.

p.112 テクストの訳　　パリ、ジュテーム！

　パリに滞在したことのあるアメリカ人と日本人の観光客の約半数は、2度目（あるいはそれ以上）もパリに来たいと望んでいる。

　それは本当だ！「光の都」は何度でも訪れる価値がある。ここでは食通なら何百軒ものビストロ、ブラッスリー、ミシュランガイドの星を獲得した高級レストランの中から選ぶことができる。文化や科学が好きな人は、最も古いカルナヴァレ博物館から最新の数学博物館まで、市内206の博物館のひとつで一日を過ごす。自然が好きな人は、セーヌ川や運河沿いを散歩したり、植物園を散策したり、数多くある公園でジョギングしたりする。彼らはヴァンセンヌの森に生物の多様性を観察しに行く。好奇心旺盛な人は、仏教パンテオンの日本庭園、アーケード街、ペール・ラシェーズ墓地にあるショパンの墓など、ユニークな場所を見出すことを好む。一方、映画ファンは、サクレ・クール寺院の階段（アメリ）、ヴァンドーム広場（ダヴィンチ・コード）、エッフェル塔でのスタント（ジェームズ・ボンド）、オペラ・ガルニエ（ルパン）など、映画やシリーズの有名なシーンが撮影された場所を探しに行く。あなたの次の旅行先はパリ？

p.116 インタビューの訳

功は、大好きなパリについてジャーナリストからインタビューを受けています。
―功さん、あなたはパリの大ファンですよね？　パリへは何回いらしていますか？
―1000回！（笑）。本当は、20回以上滞在しました！
―いつもホテルに滞在なさるのですか？
―いいえ、眺めのよいパリ式のアパルトマンを借りるのが好きです。
―この街のどんなところに惹かれますか？
―すべてです！　昼夜を問わず、この街が大好きです。
―パリにいらしたら必ず行く場所はどちらですか？
―バティニョール街へはいつも行きますね。いろいろな人種が入り混じった場所です。「ボボ・シック」と呼ばれるシックなブルジョワ・ボヘミアンな人たちもいれば、もっとつつましい暮らしをしている人たちもいます。モンソー公園は散歩するととっても気持ちの良い場所です。マレ地区をぶらつくこともよくあります。自由の息吹が感じられる場所です。おもしろくて、ユーモアに富んだ、感じの良い本物のパリジャンたちに出会えるところです。おしゃれなお店もあるし、画廊もたくさんあります。あそこにいると気分が上がります。
―パリか地方か、と言われたら？
―地方から来てパリに到着すると、いつもがっかりした気持ちになります。街は汚いしうるさいし、温かみがありません。でも、次の日になるとまた、その魅力にひれ伏してしまうんです。光の都には、すべきこと、見るべきもの、楽しむべきものが山ほどあります！
―次回のパリ滞在はいつですか？
―5月の予定です。

15 Connus ici et inconnus là-bas !

Certaines personnalités françaises ont été connues au Japon dans le passé, ou le sont de nos jours, alors qu'en France leur nom ne dit plus grand-chose, voire rien du tout, au grand public.

Georges Ferdinand Bigot (1860–1927) a été un fin observateur de la société japonaise. Ses caricatures et dessins sont toujours présents dans les livres scolaires, pour témoigner de l'ouverture du Japon à l'ère Meiji. Pourtant, en France, son œuvre est oubliée, sauf de quelques spécialistes.

G. F. Bigot

Henri Eugène Martinet (1867-1936), architecte-paysagiste, a dessiné la partie française du Jardin impérial de Shinjuku, à Tokyo. Son travail sur le sol français est loin d'être négligeable, mais son nom n'est pas resté gravé dans la mémoire collective.

La musique d'une des marches militaires japonaises les plus célèbres, dont le titre est « *Battōtai* » a été écrite vers 1885 par un chef d'orchestre et soldat français, Charles Leroux (1851–1926). Elle compte plus de 22 millions d'écoutes sur YouTube, mais qui sait que son compositeur est français ?

Clémentine (1963-), chanteuse, a sorti plus de 30 albums en français dans l'Archipel. Sa reprise du tube « Les Champs-Élysées » y est bien plus célèbre que celle connue de tous les Français. Mais elle n'a pratiquement rien vendu dans l'Hexagone.

Ces personnes et quelques autres ont été ou sont encore de très belles passerelles entre nos deux pays !

日本の歴史や文化に足跡を残したフランス人が、母国フランスでは無名だという例がいくつかあります。日本とフランス、小さいけれども偉大な passerelle（懸け橋）となった人々をみていきましょう。

Vocabulaire

- personnalité 女 社会的に重視されている人物
- voire 副 さらに、それどころか、〜さえ → p.122 Petit rappel
- grand-chose 名 たいしたこと
- grand public 男 一般大衆
- fin(e) 形 鋭い、繊細な
- observateur / observatrice 名 観察者
  cf. observer 他動 〜を観察する　observation 女 観察
- caricature 女 風刺画　*cf.* caricatural(e) 形 風刺的な　caricaturiste 名 風刺画家
- témoigner 他動 〜を証言する　*cf.* témoignage 男 証言
- ouverture 女 開くこと　*cf.* ouvrir 他動 〜を開く　ouvert(e) 形 開いた
- ère 女 時代、紀元　à l'*ère* Meiji 明治時代 (= à l'époque de Meiji)
- architecte-paysagiste 名 造園家、景観デザイナー
- impérial(e) 形 帝国の　*cf.* empereur 男 皇帝
- sol 男 土地、地方、国
- négligeable 形 無視できる　*cf.* négliger 他動 〜を無視する
- gravé(e) 形 彫られた、（心に）刻まれた　*cf.* graver 他動 彫る、（心に）刻みこむ
- marche militaire 女 軍隊行進曲
- chef(fe) d'orchestre 名 オーケストラの指揮者
- soldat 男 兵隊
- écoute 女 視聴　*cf.* écouter 他動 〜を聞く　entendre 他動 〜が聞こえる
- compositeur / compositrice 名 作曲家
  cf. composer 他動 〜を作曲する　composition 女 作曲
- album 男 アルバム、写真集、画集
- reprise 女 カバー、再上映
- tube 男 パイプ、チューブ、〔話し言葉〕ヒット曲
- passerelle 女 懸け橋、橋渡し、歩道橋

Petit rappel

副詞 voire

voire は副詞で、« et même » と言いかえることができます。

　Pour faire ce travail de recherches, il faudra un an, ***voire*** plus !
　Pour faire ce travail de recherches, il faudra un an, ***et même*** plus !
　　この研究には、1年、いやそれ以上かかるだろう。

voire は voir と同音異義語です。動詞と勘違いをしやすいので、注意が必要です。

文法上の性・数一致

p.120 のテクストの5行目にあるように、性が異なる主語にかかる形容詞の性は男性となります。

　Ses caricatures et dessins sont toujours ***présents*** dans les livres scolaires, pour témoigner de l'ouverture du Japon à l'ère Meiji.

下記の文は文法的にはどちらも正しいのですが、好まれるのはどちらでしょうか？
　① Naomi et Kenji sont japonais.
　② Kenji et Naomi sont japonais.

正解は①の文です。性が異なる場合の属詞は男性形になりますが、後ろに男性名詞が来たほうが男性形におかれる属詞と近くなり、違和感が少ないのです。

接尾辞を使って語彙を増やす

フランス語には200以上の接尾辞があります。特に、動詞から名詞をつくる接尾辞、動詞から形容詞をつくる接尾辞を利用すれば、語彙をどんどん増やすことができます。p.120 のテクストを例にとって、確認しておきましょう。

動詞から名詞をつくる接尾辞

動詞 + **age** 　　　 : témoigner 証言する → témoign***age*** 証言
動詞 + **eur/euse** 　: chanter 歌う → chant***eur*** / chant***euse*** 歌手
動詞 + **teur/trice** : observer 観察する → observa***teur*** / observa***trice*** 観察者
動詞 + **tion** 　　　: observer 観察する → observa***tion*** 観察
動詞 + **ure** 　　　 : ouvrir un compte 口座を開く → ouvert***ure*** d'un compte 口座の開設

動詞から形容詞を作る接尾辞

動詞 + **able** 　　　: négliger 無視する → néglige***able*** 無視できる
動詞 + **ant(e)** 　　: briller 輝く → brill***ant(e)*** 輝く

Comprendre

Vrai ou Faux ?

p.120 のテクストの内容と合っていれば V、間違っていれば F を書きましょう。

1) Certains Français connus au Japon sont inconnus en France. ( )
2) Les dessins de Georges Bigot présentent bien le Japon actuel. ( )
3) Henri Martinet n'a travaillé qu'au Japon. ( )
4) Peu de gens savent que Charles Leroux a composé « *Battōtai* ». ( )
5) Clémentine est vraiment très populaire en France. ( )

Choisissez la bonne réponse !

1 p.120 のテクストを読み、正しい答えを選びましょう。

1) Qu'aimaient particulièrement observer et dessiner Georges Bigot ?
   ☐ la vie des Japonais à l'ère Meiji.
   ☐ les paysages de la campagne japonaise.
   ☐ les sociétés nouvelles créées à l'ère Meiji.

2) Que veut dire l'expression « *est loin d'être négligeable* » dans ce texte ?
   ☐ est assez important et intéressant
   ☐ est vraiment très important et intéressant
   ☐ n'est pas du tout important ni intéressant

3) Qu'est-ce qu'a écrit Charles Leroux ?
   ☐ la musique de « *Battōtai* ».
   ☐ les paroles de « *Battōtai* ».
   ☐ les paroles et la musique de « *Battōtai* ».

2 p.120 のテクストを読み、それぞれが意味している内容を選びましょう。

1) Que signifie « *le* » dans la phrase « *ou le sont de nos jours* » ?
   ☐ le Japon
   ☐ connues au Japon
   ☐ les personnalités françaises

2) Que signifie « *y* » dans la phrase « *y est bien plus célèbre…* » ?
   ☐ au Japon
   ☐ aux Champs-Élysées
   ☐ en France

Interview

Ayumi Ueda prépare une thèse sur Georges Ferdinand Bigot. Elle nous parle de ses recherches.

🎤 Pourquoi avoir choisi de travailler sur ce caricaturiste ?

👩 Dans ma jeunesse, j'ai vécu en France. Je voulais comprendre comment nous, Japonais, étions vus par le peuple français. Mes recherches m'ont fait découvrir l'œuvre de Bigot. Je dois dire que j'ai été tout d'abord choquée par la violence, à mes yeux, de sa représentation du Japon et de son peuple, à l'ère Meiji.

🎤 Mais une caricature exagère toujours les détails et ridiculise le modèle, pour faire rire !

👩 C'est vrai, l'humour est différent selon les cultures. En vérité, ses caricatures réalisées au Japon étaient en grande partie destinées aux Étrangers vivant ici, dans des quartiers qui leur étaient réservés. Aujourd'hui, on les retrouve dans les pages des manuels scolaires d'histoire des lycéens.

🎤 Pensez-vous que Bigot était un être méchant et raciste ?

👩 Non ! Au fur et à mesure, en étudiant sa vie, ses croquis, ses peintures, ses dessins, j'ai compris que son choix de caricaturer avaient des raisons plus profondes.

🎤 Lesquelles ?

👩 Bigot s'est formé artistiquement pendant que le mouvement du Japonisme était en vogue, vers le milieu du 19e siècle, en France. Il a « rêvé d'un Japon éternel » avant de venir y habiter, pendant 17 ans. Une fois sur place, il a vu le pays changer, se moderniser et cela l'a rendu triste, nostalgique… et un peu critique !

Ayumi Ueda（上田あゆみ）

ビゴーのカリカチュア

神奈川県出身。パリ・ソルボンヌ大学大学院 美術史・考古学学科修士課程修了。専門はフランス近代美術史、日仏美術交流史。20世紀転換期のフランスにおける日本イメージの変遷に関心をもち、2019年から一橋大学大学院博士後期課程でフランス人風刺画家ジョルジュ・フェルディナン・ビゴーを研究している。

Vocabulaire

- thèse 女 博士論文、主張、命題
- recherches 女〔複数形で〕研究
- caricaturiste 名 風刺漫画家、風刺画家　cf. caricature 女 カリカチュア、風刺画
- représentation 女 表現、表象、上演、上映、代表
- exagérer 他動 誇張する、大げさに言う、強調する、目立たせる
- détail 男 詳細、（重要でない）細部
- ridiculiser 他動 笑いものにする、茶化す　cf. se ridiculiser 代動 笑いものになる
- modèle 男 手本、形式、型式、（美術製作の）モデル
- manuel scolaire 男 教科書
- raciste 形 人種主義をする、差別主義の　名 人種主義者、差別主義者
- au fur et à mesure ... 〜に応じて、だんだんと
- croquis 男 クロッキー、下絵、（小説などの）下書き、草稿
- raison 女 理由、理性、分別　cf. raisonnable 形 当を得た、もっともな
- mouvement 男 動き、運動
- Japonisme 男 ジャポニスム、日本趣味
- être en vogue 流行する、人気がある、はやっている（＝ être à la mode）
- éternel(le) 形 永遠の　cf. éternité 女 永遠
- sur place その場で　※ここでは au Japon
- se moderniser 代動 近代化する、現代化する

Exercices

1 p.124 のインタビューを読み、正しい答えを選びましょう。

1) Que voulait Ayumi Ueda quand elle était en France ?
   - ☐ comparer la vie des Français et des Japonais.
   - ☐ découvrir ce que les Français pensaient des Japonais.
   - ☐ savoir ce que les Japonais vivant à Paris pensaient des Français.

2) Quel était le but des caricatures de Georges Bigot ?
   - ☐ faire réfléchir sur le Japon de son époque avec humour.
   - ☐ montrer la vraie vie des Japonais, à son époque.
   - ☐ seulement faire rire !

3) Quel Japon imaginait Georges Bigot avant d'y venir ?
   - ☐ le Japon traditionnel, comme celui des estampes.
   - ☐ un pays en train de changer et de perdre ses traditions.
   - ☐ un pays violent et en guerre.

2 p.124 のインタビューの中から該当する語や表現を見つけましょう。

1) « Les mangas sont très en .... en France. » dit Léo.
2) « Dans le futur, il faudra .... à l'I.A. » dit un informaticien.
3) « Le mail-art est un .... artistique né en 1961. » dit un artiste.
4) « C'est pour emporter ou pour consommer .... ? » demande un restaurateur.
5) « Madame, j'ai oublié mon .... d'histoire. » dit un élève à sa prof.
6) « Les duos comiques (Manzai) ont beaucoup d'................. ! » dit un fan.
7) « Je suis .... de la France de mon enfance. » dit Marie (70 ans).
8) « Quel est ton sujet de .... ? » demande un professeur à son étudiante.

3 日本語と同じ意味を表すフランス語を選びましょう。

この歌手は日本ではまったく知られていない。

- ⓐ Cette chanteuse n'est pas vraiment connue en France.
- ⓑ Cette chanteuse n'est vraiment pas connue en France.
- ⓒ Vraiment, cette chanteuse n'est pas connue en France.

p.120 テクストの訳　　知ってる、知らない！

　過去に日本で有名だった、あるいは現在でも有名なフランス人でありながら、フランスではその名前が一般大衆にとってはほとんど、それどころかまったく意味をなさないことがある。

　ジョルジュ・フェルディナン・ビゴー（1860-1927）は日本社会の鋭い観察者であった。彼の風刺画や絵は、明治時代の日本の開国の証として、今でも教科書に載っている。しかしフランスでは彼の作品は、少数の専門家を除いて忘れられている。

　造園家のアンリ・ウジェーヌ・マルティネ（1837-1936）は東京の新宿御苑のフランス式庭園を設計した。フランスでの彼の仕事は無視できるものではないが、その名は多くの人々の記憶に刻まれてはいない。

　日本で最も有名な軍隊行進曲のひとつである「抜刀隊」は、1885年頃にフランスの指揮者で軍人のシャルル・ルルー（1851-1926）によって書かれた。YouTubeで2200万回以上聴かれているが、作曲者がフランス人だと知っている人はいるだろうか？

　歌手クレモンティーヌ（1963年-）は、日本で30枚以上のフランス語のアルバムをリリースしている。彼女の「シャンゼリゼ通り」のカバーは、フランス人なら誰もが知っている曲よりもはるかに有名だ。しかし、フランスではほとんど売れていない。

　これらの人々、そしてほかの何人かは、両国間の偉大な懸け橋となってきたし、今もそうである。

p.124 インタビューの訳

上田あゆみはジョルジュ・フェルディナン・ビゴーについての博士論文の準備中です。自身の研究について話してくれます。
―なぜこの風刺画家について取り組まれたのですか？
―若い頃、私はフランスに住んでいました。我々日本人がフランスの人たちからどのように見られているかを知りたいと思いました。それを研究するうちに、ビゴーの作品と出会ったのです。私の目には、明治時代の日本とその国民の描写が暴力的に見えて、最初はとてもショックを受けたと言わざるを得ません。
―しかし、風刺画というのは笑いをとるために些細なことを大げさに描いて、題材を茶化すものですよね！
―そうですね、ユーモアというものは文化によって異なります。実際、日本で描かれた彼の風刺画は、その大半が外国人居留地で生活している外国人に向けられたものでした。これらの風刺画は、今日では高校の歴史の教科書にも載っています。
―ビゴーは意地の悪い差別主義者だと思いますか？
―いいえ！　彼の人生、クロッキー、絵画やデッサンについて研究していくうちに、彼が風刺しようと思ったのには深い理由があると気づきました。
―どのような理由ですか？
―ビゴーは19世紀の中頃、フランスでジャポニズムの動きが流行していた頃に絵を学びました。日本に来て17年間住むようになる前に、「永遠なる日本」を夢見ていたのです。実際に来てみると、この国は変わってしまっており、近代化していました。彼はそのことを悲しく思い、懐かしむ気持ちと…多少批判したくなる気持ちになったのです！

Test sur 100

1 選択肢から適切な動詞を選び、不定法で書きましょう。　/ 10

1) Pour .... du vin, il faut du raisin !
2) Il ne faut pas .... en classe, mais écouter le professeur.
3) Le matin, les Français aiment .... leur pain dans leur café.
4) C'est difficile de .... un grain de riz avec des baguettes !
5) Il faut .... sa consommation d'alcool pour être en bonne santé !
6) Pour faire du vert, on doit .... du jaune et du bleu.
7) La météo doit .... le temps qu'il va faire !
8) C'est difficile de .... une invitation à diner !
9) Beaucoup de personnes aimeraient .... à Tahiti.
10) Désormais, on peut .... une chambre d'hôtel en ligne.

ⓐ bavarder	ⓑ diminuer	ⓒ faire	ⓓ mélanger
ⓔ prévoir	ⓕ refuser	ⓖ réserver	ⓗ saisir
ⓘ tremper	ⓙ vivre		

2 定義されている名詞を選択肢から選びましょう。　/ 8

1) Homme ou femme qui accompagne des touristes pendant leur voyage. ....
2) Homme ou femme qui dessine les plans d'un bâtiment, d'une maison. ....
3) Homme ou femme qui dirige une cuisine et crée des recettes. ....
4) Homme ou femme qui écrit un livre, qui fait une œuvre d'art. ....
5) Homme ou femme qui fait des études. ....
6) Homme ou femme qui fait et vend du pain. ....
7) Homme ou femme qui sert dans une armée. ....
8) Homme ou femme qui soigne les animaux. ....

| ⓐ architecte | ⓑ auteur(e) | ⓒ boulanger/boulangère | ⓓ chef(fe) |
| ⓔ étudiant(e) | ⓕ guide | ⓖ soldat(e) | ⓗ vétérinaire |

3 選択肢から適切な単語を選びましょう。単語は2回ずつ使いますが、それぞれ異なる意味で用いられます。　　/ 10

1) La France a marqué un .... contre l'équipe d'Italie. Elle a gagné 1-0.
2) Pour tracer une .... droite, il faut une règle !
3) Hier, toute la ...., il a plu.
4) Pierre cherche un travail : il y en a beaucoup dans le .... de la santé !
5) Le .... des papes d'Avignon est une construction du Moyen Âge.
6) Ce viticulteur possède un grand .... dans le Bordelais.
7) La station Louvre-Rivoli se trouve sur la .... 1 du métro parisien.
8) Pour apprécier un bon vin, il faut avoir un bon ....
9) Jules a enfin trouvé un .... dans sa vie : il veut devenir pâtissier.
10) Pour fêter son anniversaire, Jean a organisé une grande ....

ⓐ but　　ⓑ domaine　　ⓒ ligne　　ⓓ palais　　ⓔ soirée

4 選択肢にある同音異義語のうち、適切なほうを選びましょう。　　/ 10

1) Le .... d'un séjour au Japon baisse quand l'euro est fort.
2) Avec l'intelligence artificielle (IA), une nouvelle .... commence.
3) Marseille est le premier .... français.
4) Pour faire une tarte, il faut d'abord faire une ....
5) Cette artiste dessine à l'.................... de Chine.
6) Julie a bon .... Elle est vraiment gentille.
7) Les sushis les plus vendus sont les sushis au ....
8) Cette .... en mer était très agréable.
9) En Provence, il y a beaucoup de .... de lavande !
10) Cette bouteille de rosé est à .... euros.

1) ⓐ coup ⓑ cout　　2) ⓐ air ⓑ ère　　3) ⓐ porc ⓑ port
4) ⓐ pâte ⓑ patte　　5) ⓐ ancre ⓑ encre　　6) ⓐ chœur ⓑ cœur
7) ⓐ thon ⓑ ton　　8) ⓐ balade ⓑ ballade　　9) ⓐ champs ⓑ chants
10) ⓐ vin ⓑ vingt

5 選択肢から適切な前置詞を選びましょう。 / 8

1) Les Français aiment faire du ski .... les vacances d'hiver.
2) Il est parfois difficile de choisir : vivre .... la campagne ou en ville.
3) Cette grand-mère serait bien seule .... son chat !
4) Le manga « Akira » a été publié en série en France .... 1982.
5) Les touristes visitent ce temple .... centaines, chaque jour.
6) Les problèmes liés à la fonte des océans existent .... plusieurs années.
7) Auvers-............-Oise est un joli village au nord de Paris.
8) En France, on aime bien inviter des amis .... soi.

| ⓐ à | ⓑ chez | ⓒ depuis | ⓓ en |
| ⓔ par | ⓕ pendant | ⓖ sans | ⓗ sur |

6 選択肢から適切な語や表現を選び、会話を完成させましょう。 / 8

Sophie et Mamiko se promènent dans les rues de Tokyo.

Sophie : Regarde cette phrase ! Elle est en français, mais elle est (1), il y a des erreurs !

Mamiko : Oui, (2). Cela arrive souvent. Mais ce n'est pas très important pour nous.

Sophie : Je ne comprends pas (3) !

Mamiko : Peu de Japonais parlent (4) ta langue. C'est juste joli, chic !

Sophie : Pourtant, beaucoup d'entre vous aiment bien la culture française.

Mamiko : C'est vrai. D'ailleurs, C'est (5) en France !

Sophie : Oh, (6) ?

Mamiko : Parfois, je vois des kanjis écrits à l'envers sur des T-shirts !
Cela me (7) !

Sophie : Tu as raison. Mais (8) ! Il faut respecter les langues.

ⓐ bizarre	ⓑ c'est dommage	ⓒ comment ça
ⓓ fait rire	ⓔ la même chose	ⓕ je sais
ⓖ parfaitement	ⓗ pourquoi	

7 語頭を手がかりにして、日本語の意味に沿う単語を書きましょう。　/ 8

1) 彫刻愛好家はロダン美術館に行くのが大好きだ！
   Les amateurs de s_____ aiment bien aller au musée Rodin !
2) 自然が好きな人は森の中を長く散歩する。
   Les passionnés de n_____ font de grandes promenades en forêt.
3) 映画好きな人は映画の撮影が行なわれた場所によく行く。
   Les cinéphiles vont souvent là où on a tourné des s_____ de film.
4) スキューバダイビングのファンはマスクを着用しなければならない。
   Les fans de plongée sous-marine doivent porter un m_____.
5) フランス文学に夢中な人なら誰でもヴィクトル・ユーゴーを知っている
   Les férus de l_____ française connaissent tous Victor Hugo.
6) 人混みが嫌いな人は秋葉原には行かない。
   Les gens qui détestent la f_____ ne vont pas à Akihabara.
7) ファン・ゴッホが好きな人はオーヴェル・シュル・オワーズの墓地に行く。
   Les gens qui adorent Van Gogh vont au c_____ d'Auvers sur Oise.
8) 子どもたちは植物園に行くのが大好きだ。
   Les enfants aiment bien aller au j_____ public.

8 選択肢から適切な表現を選びましょう。　/ 8

1) Les touristes, à Paris, aiment marcher _____ la Seine.
2) Le Louvre est fermé _____ la grève des gardiens de musée.
3) La Nouvelle Calédonie est _____ l'Australie.
4) Les chefs proposent souvent un menu spécial _____ Noël.
5) On peut trouver un bon hôtel dans cette ville _____ 80 euros.
6) Ken retourne dans son pays natal pour être _____ sa famille.
7) La pyramide du Louvre est juste _____ du Jardin des Tuileries.
8) Ce menu coute 17 euros, _____ une boisson.

ⓐ à partir de　　ⓑ à cause de　　ⓒ à l'occasion de
ⓓ auprès de　　ⓔ en face de　　ⓕ le long de
ⓖ près de　　　ⓗ y compris

9 質問に対し、適切な答えかたを選びましょう。　　　　/ 6

1) « Comment avez-vous voyagé au Japon ?
   - ☐ – J'ai acheté un JR Pass. C'était le plus pratique et le moins cher. »
   - ☐ – J'ai pris le bus depuis Narita jusqu'à mon hôtel. »
2) « Pourquoi êtes-vous allée à Nagasaki et Hiroshima ?
   - ☐ – Car je désirais comprendre l'Histoire de ces villes. »
   - ☐ – Parce que je voulais comprendre ce moment de l'Histoire du Japon. »
3) « Qu'avez-vous visité à Sapporo ?
   - ☐ – Le musée de la Bière. C'était vraiment intéressant. »
   - ☐ – Keiko, une amie japonaise. Je l'ai connue en France il y a cinq ans. »
4) « Où êtes-vous restée à Okinawa ?
   - ☐ – Dans ma chambre, à l'hôtel ! Il faisait si chaud dehors. »
   - ☐ – Dans un hôtel trois étoiles, en bord de mer ! »
5) « Parmi les plats que vous avez gouté au Japon, lequel avez-vous préféré ?
   - ☐ – Le *nikujaga*. Comme c'était bon ! »
   - ☐ – Le *yuzu*. C'est vraiment délicieux. »
6) « Vous ne voulez pas un peu de saké ?
   - ☐ – Non, merci. Je ne bois jamais d'alcool. »
   - ☐ – Oui, bien sûr, j'adore ça ! »

10 左列の名詞を右列の適切な形容詞と結びましょう。形容詞はそれぞれ 1 回しか使えません。　　　　/ 10

1) un bâtiment　　　　・　　　　・　ⓐ agréable
2) ce compositeur　　・　　　　・　ⓑ ancien
3) mon pays　　　　　・　　　　・　ⓒ célèbre
4) un plat　　　　　　・　　　　・　ⓓ cru
5) du poisson　　　　・　　　　・　ⓔ étoilé
6) un restaurant　　　・　　　　・　ⓕ exotique
7) un sport　　　　　・　　　　・　ⓖ étranger
8) un temps　　　　　・　　　　・　ⓗ natal
9) un touriste　　　　・　　　　・　ⓘ nautique
10) du vin　　　　　　・　　　　・　ⓙ rosé

11 意味が異なる同じ単語を入れて、それぞれ2つの文章を完成させましょう。　/6

1) « *Battotai* » est une .... militaire. »
   « Allons faire une .... en forêt. »
2) « Quand on a une bonne ...., on se souvient de tout ! »
   « Ce .... sur la philosophie du zen est passionnant. »
3) « Comme je ne suis pas riche, j'ai acheté une voiture d'........................... »
   « J'ai eu l'........................... de venir au Japon quand j'étais étudiant. »
4) « Quel est ton .... de vue sur la politique française ? »
   « N'oublie pas de mettre un .... à la fin de ta phrase ! »
5) « En raison de la neige, les .... pour Sapporo sont annulés. »
   « Attention aux .... dans le métro parisien ! »
6) « Julie m'a laissé un .... pour me dire qu'elle rentrerait tard. »
   « Connais-tu ce .... en japonais ? »

12 文章を読み、それぞれ3つの選択肢から適切な語を選びましょう。　/8

Ayaka vient de (1) ce livre. Au début, c'était difficile. La première fois qu'elle a regardé les vidéos, elle n'a pas tout (2). Mais elle a mémorisé le vocabulaire nouveau, fait les (3), lu les interviews, elle pense qu'elle (4) mieux communiquer avec des natifs de la langue française. Elle est aussi (5) parce qu'elle pourra aussi mieux parler (6), ou de sujets intéressants. Bien sûr, elle ne peut pas encore (7) parfaitement ce qu'elle veut dire, mais elle sait qu'apprendre une langue (8) est un long chemin.

1) ⓐ composer ⓑ écrire ⓒ terminer　2) ⓐ compris ⓑ entendu ⓒ vu
3) ⓐ devoirs ⓑ exercices ⓒ lectures　4) ⓐ fait ⓑ peut ⓒ eut
5) ⓐ contente ⓑ fatiguée ⓒ triste　6) ⓐ d'elle ⓑ d'eux ⓒ de vous
7) ⓐ dire ⓑ exprimer ⓒ parler　8) ⓐ étrangère ⓑ française ⓒ japonaise

/100

※ *Si vous avez plus de 60 points, bravo, vous avez désormais acquis un niveau de vocabulaire A2 ! Si vous avez moins de 60 points, il est peut-être nécessaire de relire ce livre à l'occasion ! Courage.*

練習問題の解答と訳

1. Van Gogh, Japonais dans l'âme

Vrai ou Faux（p.11）
1）ファン・ゴッホはフランスと日本でしか知られていない。（F）
2）ファン・ゴッホは浮世絵がとても好きだった。（V）
3）ファン・ゴッホにとって、プロヴァンス地方は日本に似ていた。（V）
4）ファン・ゴッホは散歩をしながら絵の題材を見つけていた。（V）
5）ファン・ゴッホはアルルに行く前にまずオーヴェール・シュル・オワーズに住んだ。（F）

Choisissez la bonne réponse（p.11）
① 1）ファン・ゴッホが初めて浮世絵を見たのはどこか？
　　☑ パリで　　□ 日本で　　□ 生まれ故郷であるオランダで
　2）ファン・ゴッホはプロヴァンス地方の特に何が好きだったのか？
　　□ 住民　　☑ 風景　　□ 自然の香り
　3）オーヴェール・シュル・オワーズはどこにあるのか？
　　□ プロヴァンス　　□ アルルの近く　　☑ パリの近く
② 1）☑ 浮世絵のスタイル　　□ パリの画家のスタイル　　□ ファン・ゴッホのスタイル
　2）☑ オーヴェール・シュル・オワーズとその周辺
　　□ オーヴェール・シュル・オワーズ周辺の丘　　□ パリの北

Exercices（p.14）
① 1）モルガン・ブリエはどのようにして墨絵を知ったか？
　　□ 本屋で日本の墨絵画家の作品を見た
　　□ この芸術に関する情報を探していた
　　☑ 数冊の本をパラパラとめくっていたときの1冊が、この芸術に関するものだった
　2）墨絵はフランスで非常に有名な芸術か？
　　□ いいえ、日本を好きな人たちだけに知られている
　　□ はい、なぜならフランス人は日本のアートが大好きだから
　　☑ まだそこまでではないが、モルガン・ブリエによると少しずつ知られてきている
　3）モルガン・ブリエはまた日本に戻ってくる予定があるか？
　　□ いいえ、今のところはない
　　☑ はい、でもまだ未定だ
　　□ はい、すぐに戻ってくることをもうすでに決めている
② 1）patience　忍耐は美徳である。待てるようにならなければならない。
　2）pinceau　墨絵用の筆は山羊の毛で作られることが多い。
　3）encre　墨は煤とゼラチンもしくは糊から作られる。
　4）coup de cœur　「このアーティストの作品に心底ひとめ惚れした」と批評家が言う。
　5）suppose　「きっとあなたはよく日本に行かれるのでしょうね！」とジャーナリストがM. ブリエに言う。

6) m'inspire「自然の声を聞くことでインスピレーションがすごく湧くんです！」と作曲家が言う。
7) reconnaissant ティメオは自分をとても助けてくれた両親に対して非常に感謝している。
8) zen 生きていく上で、ストレスがあっても穏やかでいようとするべきだ。

③ 1) ⓑ   2) ⓒ   3) ⓐ

2. Encore un peu de pain ?

Vrai ou Faux (p.19)
1) フランスでのパンの消費量は下がっている。（V）
2) フランス人は特別なパンよりもバゲットを好む。（V）
3) フランスでは誰でもパン屋を開くことができる。（F）
4) 「デポ・ドゥ・パン」で売られるパンはその場で作られている。（F）
5) 日本ではパンの消費が増えている。（V）

Choisissez la bonne réponse (p.19)
① 1) フランスでパンが食卓に上がるのはいつ？
　　☑ 毎食　　□ 祝日の食事の際　　□ 朝食のみ
　2) パン製造の2番目の工程は？
　　□ パンを焼く　　☑ 生地を寝かせる　　□ パン生地を作る
　3) 日本ではいつからパンの消費が増えた？
　　☑ 20年ほど前から　　□ テクストの筆者が20歳のとき　　□ 20世紀の半ば頃
② 1) □ パン屋の女主人　　□ パン屋とパンを売る人　　☑ パン屋の資格をもつ人
　2) □ 1992年以降　　☑ この20年　　□ 20年前

Exercices (p.22)
① 1) フランスのパン屋で売られている下記の商品は誰が作るのか？
　　pâtissier：クルミのタルトはパティシエが作る。
　　boulanger：クルミのパンはパン職人が作る。
　　tourier：アーモンド・クロワッサンは製菓職人が作る。
　2) 伊藤氏にとって、食パンはパン・ド・ミと比べてどうか？
　　meilleur：食パンはパン・ド・ミよりもおいしい。
　3) 固くなったパンを温める前にすべきことは何か？
　　le mouiller：湿らす必要がある。
② 1) s'en occupe「誰がサンドイッチを作りますか？」「ピエールが担当します」
　2) Franchement「このチーズパンどうだった？」「正直に言おうか？　まずい！」
　3) pâte「リュックは何してるの？」「ピザの生地を作ってるよ」
　4) différence「フランスと日本、どちらのバゲットが好き？」「ぼくにとっては、違いはないよ」
　5) c'est-à-dire「パン屋さんはこの夏いつ閉まるの？」「8月3日から24日まで、つまり3週間」
③ 1) ⓑ
　2) 正解はⓐ
　　ⓑ：リサはフレンチトーストのレシピが載っている本を見つけた。
　　ⓒ：リサは本の中で見つけたフレンチトーストのレシピをなくした。

3. Pays natal

Vrai ou Faux (p.27)
1) フランス人にとって、pays natal は常にフランスを指す。(F)
2) 出身地が同じフランス人ふたりはそのことについて話すのが楽しい。(V)
3) 日本人にとって、pays natal は常に日本を指す。(F)
4) 日本では毎年故郷に帰る習慣がある。(V)
5) 「ふるさと」と pays natal は両国でまったく同じ意味である。(F)

Choisissez la bonne réponse (p.27)
① 1) 一般的に人生のどの時期が pays natal と結びつくのか？
　　　☐ 成年期　　☑ 子ども時代と思春期　　☐ 老年期
　2) 日本人が故郷と最も結びつくのは何か？
　　　☐ 日本の歴史　　☑ 家族　　☐ 現在の仕事
　3) 人の「内面的アイデンティティ」とは何か？
　　　☑ その人の感情や想い出　　☐ その人の姓名、年齢、職業
　　　☐ その人が知っている全ての人
② 1) ☐ 家族　　☐ 家族の歴史　　☑ ふるさと
　2) ☐ 伝統　　☑ そのことば　　☐ 祖先

Exercices (p.30)
① 1) Tatsuya はなぜ故郷の歌を書いたのか？
　　　☐ コロナ禍のとき、病気だったから
　　　☐ コロナ禍の間中、ずっとそこにいたから
　　　☑ コロナ禍の間、孤独を感じていたから
　2) Tatsuya の歌の歌詞は何か？
　　　☑ 子どもの頃の朝来の幸せな時間
　　　☐ 朝来に住んでいたときの問題
　　　☐ 朝来に戻る旅
　3) Tatsuya はしばしば故郷に戻るか？
　　　☐ いいえ、しかしそれは彼にとって重要ではない
　　　☑ いいえ、だが彼はそれを残念に思っている
　　　☐ いいえ、ほとんど考えもしない
② 1) ruine(s)「この村の城は遺跡です」とガイドが言う。
　2) paroles「この歌の歌詞を暗記している」とリュックが言う。
　3) nostalgie「フランスでの生活が懐かしいわ」と日本で生活しているアンヌが言う。
　4) titre「君が見ている映画のタイトルは何？」とテオがアンナに尋ねる。
　5) signifie「この漢字はどういう意味？」とエルザがマユミに尋ねる。
　6) nuages「この雲は雨の前触れです」と天気予報のジャーナリストが言う。
　7) sourire「モナリザの微笑みはミステリアスだ」とルーヴル美術館を訪れた観光客が言う。
　8) roue「一輪車は車輪がひとつだ」
③ 正解は ⓒ

ⓐ：ケンは 2 年に一度、子どもたちと故郷に帰る。
ⓑ：ケンは毎年、2 人の子どもと故郷に帰る。

4. De bon compagnons !

Vrai ou Faux (p.35)
1) フランスでは人口よりもペットの数のほうが多い。(V)
2) 猫は自由を愛する動物である。(V)
3) 犬は遊び好きである。(V)
4) ハムスター、マウス、ヘビには愛情は必要ない。(F)
5) 夏、ペットを飼うことが問題になる人もいる。(V)

Choisissez la bonne réponse (p.35)
1 1) 鳥は誰に安らぎをもたらすか？
　　□ 年配者　　□ 子供のいない人　　☑ 孤独な人
　2) ペットの飼い主はどうあるべきか？
　　□ 夏以外は動物の世話をよくしなければならない
　　☑ 真剣に動物の世話をしなければならない
　　□ 食事を与え、散歩させさえすればよい
　3) ペットを捨てることが最も多いのはいつか？
　　□ 年末休暇前　　□ 5月と6月　　☑ 夏の間
2 1) □ 起こりえるが、しばしばではない
　　☑ しばしば起こる
　　□ 決して起こりえない
　2) ☑（捨てられた）ペット　　□ 動物保護協会で働いている人たち　　□ 外来種の魚

Exercices (p.38)
1 □「日本で動物を守ることはそれほど難しいことではない」
　□「誰も私の動物保護活動を支持してくれない」
　□「日本では獣医の診察料が高すぎる」
　□「人形のように着飾った動物たちは可愛いすぎる」
　☑「子犬や子猫は母親から引き離してはならない」
　☑「動物を安楽死させるのは、ときには必要である」
　□「ペットショップはペットを購入するのにふさわしい場所である」
2 1) don「父はよくユニセフに寄付する」とレアが言う。
　2) cage「僕は鳥を籠で飼っている」とアランは言う。
　3) comportement「息子は学校でときどき行儀が悪い」と母親が言う。
　4) démarches「学生ビザを取得するには、多くの手続きをしなければならない」とノアが言う。
　5) socialisation「学校による子どもたちの社会化は重要である」と医師が言う。
　6) abonnés「フォロワーが 1000 人を超えた」とユーチューバーが言う。
　7) élevage「私は鶏を育てている」と農民が言う。
3 1) ⓐ
　2) 正解はⓒ

ⓐ：私の隣人の犬は檻の中で暮らしている、とても悲しいことだ。
ⓑ：私の隣人はとても悲しんでいる、というのも自分の犬が檻で暮らしているからだ。

5. Destination Japon (1)

Vrai ou Faux（p.43）
1）フランス人観光客は伝統的な日本のみが好きである。（F）
2）フランス人観光客は日本人が好意的ではないと思っている。（F）
3）日本のトイレの清潔さは彼らにとってうれしい驚きである。（V）
4）フランス人観光客は日本だけの料理を知ることができて喜んでいる。（V）
5）フランス人観光客の約 45％が日本にまた来たがっている。（F）

Choisissez la bonne réponse（p.43）
① 1）なぜフランス人観光客は日本に驚くのか？
   □ たくさんの寺院があるから　　□ 非常に現代的な国だから
   ☑ 日本が伝統的であると同時に近代的な国であるから
 2）フランス人観光客が日本で安全を感じるのはいつか？
   □ 昼間だけ　　□ 夜、ホテルに戻ったとき　　☑ 常に
 3）フランス人が日本に来る前に知っている日本料理は何か？
   □ そば　　☑ すし　　□ 焼き鳥
② 1）□ 親切　　☑ 人々　　□ フランス人観光客
 2）□ フランスで　　☑ 日本で　　□ 日本のレストランで

Exercices（p.46）
① 1）アンナは何度日本に来ているか？
   ☑ 約 10 回　　□ 10 回未満　　□ 10 回以上
 2）日本人についてどのように思っているか？
   □ 日本人に対して非常に否定的である
   ☑ 日本人に対して非常に好意的である
   □ よくわかっていない
 3）広島の博物館を訪れたあとの彼女はどうだったか？
   □ かなり感動した
   □ 非常に陽気であった：彼女にとって非常に興味深かった
   ☑ 非常に悲しかった
② 1）lavande「ラベンダーの香りが大好き」とアンナが言う。
 2）congé「11 月 7 日から 16 日まで休暇です」とガイドが言う。
 3）circulation「高速道路の交通量が多い」と警官が言う。
 4）champ「この畑で私は麦を作る」と農民が言う。
 5）plage「浜辺に行こうよ。太陽の下で寝たいんだ」と観光客が言う。
 6）métier「僕の職業？ エールフランスの客室乗務員だよ」とアンナの友人のフランクが言う。
 7）politesse「お客様に対する礼儀は大切です」とアンナが説明する。
 8）destination〔アナウンスで〕「パリ行きの便は 36 番ゲートからの出発となります」
 9）côte「私たちはコート・ダジュール、ニースの近くによく行きます」とラヤンが言う。

③ 正解はⓑ
　ⓐ：もしすべてうまくいったら、次回は歩いて四国を一周する。
　ⓒ：もし君が強く望むなら、次回は歩いて四国を一周する。

6. Balade en sous-sol

Vrai ou Faux（p.51）
1) 東京の公共交通機関はおおむね時間通りである。（V）
2) パリの地下鉄はときどき臭いことがある。（V）
3) パリの地下鉄はすべて地下を走っている。（F）
4) パリの主要な観光地は地下鉄から近い。（V）
5)「夜ふかしのキオスク」は 100 年の歴史がある。（F）

Choisissez la bonne réponse（p.51）
① 1) このテクストの著者はどんなアドバイスしているのか？
　　□ 汚いから地下鉄には乗らないこと
　　☑ パリを旅行するなら地下鉄に乗ること
　　□ 地下鉄を上手に利用するためにはガイドブックや案内図を使うこと
　2) パリの地下鉄の出入口はどのような外観か？
　　☑ 場所によって異なる　　□ 全てアールデコ調である　　□ すべて同じである
　3) このテクストの著者は最後にどんなアドバイスをしているか？
　　☑ 他の乗客たちと会話をしてみること
　　□ 地下鉄の中では喋らないこと
　　□ 他の乗客たちの質問に常に答えること
② 1) ☑ 地下鉄の出入口　　□ 地下鉄の路線　　□ パリの地下鉄の駅
　2) □ 地下鉄の従業員　　□ パリの観光客　　☑ 地下鉄の利用者

Exercices（p.54）
① 1) 恵利佳はパリに住んでいた頃、なぜ地下鉄を使っていたのか？
　　□ 車両内や駅の雰囲気が大好きだったから
　　□ この交通手段が大好きだから
　　☑ 他に選択肢がなかったから
　2) 恵利佳は地下鉄の中で演奏するミュージシャンたちのことを好きだったか？
　　□ とっても！ 音楽があると移動がより心地良くなった
　　☑ その日による
　　□ いいえ全く！ 静かに過ごしたいと思っていた
　3) 地下鉄に乗るとき、恵利佳はどのように感じていたか？
　　□ いつも非常に怖がっていた
　　☑ 安全にとても気をつけていた
　　□ 全く怖くなかった。パリの地下鉄はとても安全だ
② 1) affaires「座席に荷物を置かないでください」と地下鉄の乗客が言う。
　2) accordéon「アコーディオンの演奏はできる？」とケンジがフランス人の友人に尋ねる。
　3) blagues「ジュールが冗談を言うとき、誰も笑わないんだ！」と彼の友達が言う。

4) dérangé「私の父は昼寝しているときに邪魔をされるのは好きじゃない」とエリカが言う。
5) argent「旅行するにはお金が足りないんだ」とミシェルは残念がる。
6) sécurité「日本では、どこにいたって安全に感じるね！」とある観光客が言う。
7) genou「右膝が痛くてねぇ。歩くのは難しいよ！」と祖母が言う。
8) pickpockets〔地下鉄のアナウンス〕「スリにお気をつけください！ お荷物にご注意ください！」

③ 正解はⓑ
 ⓐ：トマは貧しい男である。妻の浪費が激しくて！
 ⓒ：トマは貧しくはない、妻の浪費が激しくても！

7. Pas de sushis, merci !

Vrai ou Faux (p.59)
1) 日本を訪れるフランス人観光客の中には、生の魚を食べるのを好まない人もいる。(V)
2) 多くの場合、こうした観光客は日本のフレンチレストランが好きである。(V)
3) フランスのアジア料理店はおいしくない。(F)
4) 寿司の作りかたはフランスも日本も同じである。(F)
5) フランスの日本料理店は常においしい。(F)

Choisissez la bonne réponse (p.59)
① 1) 筆者はフランスの「アジア系」レストランでの食事を勧めているか？
 □ もちろん勧めている、そこではあらゆる物がとてもおいしい
 □ はい、味は異なっていたとしてもおいしいから
 ☑ いいえ、料理は本物とは言えないから
2) なぜ日本と同じような寿司を作らない料理人がいるのか？
 □ すべてのフランス人は生魚が大嫌いだから
 □ フランスでは魚が違うから
 ☑ 値段が高すぎるから
3) 多国籍料理とは何か？
 ☑ 日本の食材を使った典型的なフランス料理
 □ フォークで食べる日本料理
 □ パンなしで箸で食べるフランス料理
② 1) □ 日本人料理人　□ 生魚　☑ 訪日フランス人観光客
2) ☑ 日本のフレンチレストラン
 □ 日本のファーストフード店
 □ 日本の和食レストラン

Exercices (p.62)
① 1) フランス料理と日本料理の違いは何か？
 □ 何もない。どちらの料理も同じ味わいである
 □ 日本では甘みのある味しか好まれない
 ☑ フランスでは甘味はデザートまでとっておくことが多い
2) フランス人は生魚をどのように食べることを好むか？
 □ 彼らはフランス流にレモンとオリーブオイルで食べる

　　　　☑ 彼らは日本人が調理するようなやりかたが好きだ
　　　　☐ 実際、彼らは生魚は全く食べない
　　3）シェフは客たちが考えていることを知るのが好きか？
　　　　☐ いいえ、そんなことに興味はない
　　　　☑ はい、興味深いと思っている
　　　　☐ いいえ、いつだって興味がある　※肯定疑問文に si で答えることはできない
② 1）thon　マグロは海の魚である。
　　2）dessert「デザートは抹茶アイスにします」と客が言う。
　　3）chef「シェフはベトナム人で、日本人ではありません」と料理評論家が言う。
　　4）crue　ジャガイモは生で食べてはいけない。
　　5）plat「今日のおすすめ料理は何ですか？」と客が尋ねる。
　　6）habitué「私はこの寿司バーの常連です。よく来るんですよ」とマルクが言う。
　　7）olive　オリーブは地中海地方の果物である。
　　8）opinion　このブロガーはこのレストランについて好意的な意見をもっていない。
③ 正解はⓐ
　　ⓑ：シェフはこの料理をある日本人女性に提供します。
　　ⓒ：シェフはこの日本料理を提供します。

8. Tu fais quoi quand tu es libre ?

Vrai ou Faux（p.67）
1）フランス人にとって、レジャーは人々と出会う機会にすぎない。（F）
2）読書はフランス人にとって一番の余暇の過ごしかたである。（V）
3）天気が悪いとき、フランス人は映画を見ることを好む。（V）
4）フランス人はテレビの前でしかスポーツをしたがらない。（F）
5）フランス人にとって、仕事に行くことは人生にとってたいした問題ではない。（F）

Choisissez la bonne réponse（p.67）
① 1）フランス人の余暇の目的は何か？
　　　　☐ 眠ること、何もしないこと
　　　　☐ 友人や家族を喜ばせること
　　　　☑ リラックスし、新たな発見をし、人々と話すこと
　　2）フランス人は余暇をどこで過ごすのが好きか？
　　　　☐ 家　　☑ 屋外　　☐ 山
　　3）idée reçue とは何か？
　　　　☑ 人々が一般的に思っていることだが、それは事実ではない
　　　　☐ メールで書かれたメッセージ
　　　　☐ 否定的に考えること
② 1）☐ 映画館に行くのは Netflix を見るより悪くない
　　　　☐ 映画館に行くのは Netflix を見るよりよい
　　　　☑ 最もよいのは、映画館へ行くか、Netflix を見ることである
　　2）☐ 何かをするのに長けている　　☑ 習慣になっている　　☐ 速い（速く走る）

Exercices（p.70）

1) 1) 漫画と BD にはどのような違いがあるか？
   - ☑ 漫画の判型は一般的に BD の判型よりも小さい
   - ☐ 漫画は必ず 4 色刷で、BD は決してそうではない
   - ☐ 漫画の紙は BD のものよりもすごく分厚い

   2) フランスでは BD をプレゼントとして贈ることはあるか？
   - ☐ いいえ！ BD は一般的に自分のために買うものだ
   - ☐ はい、でも誕生日にだけだ
   - ☑ はい、一般的にプレゼントとして喜ばれる

   3) フランス人の親たちにとって、BD は「本物の本」たり得るか？
   - ☐ はい、BD を読むことでたくさんの学びがある
   - ☐ いいえ、BD を読むのは残念なことだ
   - ☑ いいえ、でも BD を読むことで他の本も読もうという気にさせることができる

2) 1) couverture 「この雑誌の表紙には、私の好きな俳優の写真が載っている」とレオが言う。
   2) personnage アルセーヌ・ルパンは推理小説の登場人物だ。
   3) auteur 「バルザックは 19 世紀のフランス人作家だ」と文学の教授が言う。
   4) lecteur 「私は大の漫画好きなの。毎日読んでいる」とアミが言う。
   5) neuvième パリ・オペラ座はパリ 9 区に位置する。
   6) style 劇画は写実的な漫画の様式だ。
   7) mère 私の母は BD の出版社で働いている。
   8) dessiner 「私はあなたと同じで描くのが大好きです！」と BD のファンが推しの作家に言う。
   9) art BD は絵画や音楽と同様、ひとつの芸術である。

3) 正解はⓒ
   - ⓐ：私の息子は学校でよく勉強しているので、最終的には先生になるだろう。
   - ⓑ：私の息子は学校で働いているのだから、最終的には先生のようになるだろう。

9. Les jeunes et l'alcool

Vrai ou Faux（p.75）

1) フランスでは、未成年者へのアルコールの販売は法律で禁止されている。（V）
2) フランスでは、16 歳未満の若者はひとりでバーに入ることはできない。（V）
3) フランス社会では、18 歳未満での飲酒が容認されている。（V）
4) ワインはフランスの若者に好まれるお酒である。（F）
5) 日本の若者は大人になるまでお酒を飲まない。（F）

Choisissez la bonne réponse（p.75）

1) 1) 未成年の若者が大量のアルコールを飲むと、どのようなリスクを負うか？
   - ☑ 大人になったときに飲むのをやめるのが難しくなる
   - ☐ 運転免許試験をとる権利がなくなる
   - ☐ フランス社会の一員になれない

   2) slogan とは何か？
   - ☑ 重要なテーマに関する、理解しやすく、覚えやすい短い文

□ 動詞のない文
　　　□ 法律の文章
　3) « Boire moins, c'est mieux ! » はどういうことか？
　　　□「健康のためには酒を飲まないほうがいい！」
　　　□「アルコールの摂取量を増やす必要がある！」
　　　☑「一般的に、アルコールは飲まないに越したことはない！」
② 1) ☑ アルコール　　　□ 思春期　　　□ たとえばカフェあるいはバー
　2) ☑ 4　　　□ 5　　　□ 6
　　　※ Il est interdit.../ il est possible.../ il faut choisir / il arrive parfois...

Exercices（p.78）

① 1) ワインを飲むことは芸術だと沙織に説明したのは誰か？
　　　☑ ワインバーの店主　　　□ ワインバーのウェイター　　　□ ワインバーのお客
　2) 沙織は、ワインを飲むことは健康に良くないと考えているか？
　　　☑ ワインを飲むことにはポジティブな面もあると考えている
　　　□ いいえ、健康にとても良いと考えている
　　　□ はい、完全に同意している
　3) « rencontrer une bonne bouteille » という表現は何を意味しているか？
　　　☑ 自分が気に入るおいしいワインを買い、それを飲み、発見すること
　　　□ ワインを飲みすぎて酔っ払うこと
　　　□ 友人数人と一緒においしいワインを飲むこと
② 1) vendanges「収穫は9月12日に始まる予定だ」とブドウ栽培者が言う。
　2) modération「節度を持って飲み食いしなければならない」と医者が言う。
　3) tendance「最近はショートカットが流行ですね」と美容師が言う。
　4) convivial「私たちが会うときは、いつも和気藹々としているね」と2人の友達同士が言う。
　5) Château「こちらのお料理にはシャトー・ラトゥールをお勧めいたします」とソムリエが言う。
　6) fascination「私の息子は飛行機に夢中なの！」と、あるママが説明する。
　7) cool「B'zのコンサートは超かっこいい！」と、このロックグループのファンが言う。
　8) verre「お水を1杯いただけますか？」と、バーでお客が頼む。
③ 正解はⓒ
　ⓐ：ピエールは2021年のこのボルドー（ワイン）を私に教えてくれた。
　ⓑ：ピエールは2021年にボルドーを私に教えてくれた。

10. Pays maritimes

Vrai ou Faux（p.83）

1) 港は日本経済にとって非常に重要である。(V)
2) 日本の沿岸は津波の危険性があるため、人がほとんど住んでいない。(F)
3) フランス人は日本人よりも海産物を食べる。(F)
4) 多くのフランス人は海辺に住みたいと思っている。(V)
5) 将来、海面が上昇することを恐れるフランス人はいない。(F)

Choisissez la bonne réponse（p.83）
① 1）フランスの海洋経済で最も重要な分野は何か？
　　　☐ 食料　　☐ 住居　　☒ 観光
　2）フランス人は夏休みをどこで過ごすのが好きか？
　　　☐ 静かに、田舎で　　☐ 山で、特に冬は。ただし夏も同様である　　☒ 海辺で
　3）なぜ一部のフランス領ポリネシア人は環礁を離れなければならないのか？
　　　☐ 増水すると魚がいなくなるから
　　　☐ フランス本土に住むことを好むから
　　　☒ 増水すると彼らの住む土地がなくなってしまうから
② 1）☒ 多くの人々　　☐ フランス人女性　　☐ 海辺の町
　2）☒ 海を愛すること　　☐ 自由でいること　　☐ 航海すること

Exercices（p.86）
① 1）une ville balnéaire とは何か？
　　　☒ 海沿いの逗留地、あるいは海水浴場があるあらゆる他の場所
　　　☐ 漁船がたくさんある港町
　　　☐ 観光が主な資金源である町
　2）ジュスティナはどこでシュノーケリングをするのか？
　　　☐ ヌメアの中心街
　　　☒ 太平洋
　　　☐ 砂浜
　3）ジュスティナはインタビューの最後に何と言っているか？
　　　☒ 毎冬ニューカレドニアに行くかどうかはわからない
　　　☐ 今後、冬のたびにニューカレドニアに行く
　　　☐ この先の冬もニューカレドニアで過ごすことを夢見ている
② 1）requin「映画『ジョーズ』が描くのは白いサメの話だ！」と映画好きが言う。
　2）cyclone「サイクロンの間は、風が大変強く吹きます」と気象予報士が言う。
　3）littoral「日本の熱海の町は沿岸部に位置している」とガイドが説明する。
　4）sécheresse「干ばつは雨不足によって引き起こされる」と地理学者が説明する。
　5）tropiques「私の国は熱帯地方に位置する」とオーストラリア人が言う。
　6）chasse「最初の人類は釣りと猟で生活をしていた」と歴史家が言う。
　7）rafraîchir「とても暑いね。ホテルのバーに涼みに行こうよ」と観光客が言う。
　8）plages「ここには細かい砂のとても美しい砂浜があります」とヌメアの人が言う。
　9）risque「フランスには地震の危険はあるの？」とジュンがトムに尋ねる。
③ 正解はⓐ
　ⓑ：アダムはマリンスポーツよりウィンタースポーツのほうがより好きだ。
　ⓒ：アダムはマリンスポーツが好きだが、ウィンタースポーツほどではない。

11. Destination Japon (2)

Vrai ou Faux（p.91）
1）フランス人観光客は日本で不平を言うことはない。（F）

2）フランス人観光客にとって、日本は全てがとても美しい。（F）
3）日本人とのコミュニケーションは必ずしも容易ではない。（V）
4）人が多すぎると、観光が面白くなくなる。（V）
5）フランス人観光客は、日本の贈り物の包装のしかたを高く評価している。（F）

Choisissez la bonne réponse（p.91）
①1）このテクストで示されているのは、どのような種類の批判か？
　　□（最も）奇妙な批判　　☑（最も）普通の批判　　□（最も）否定的な批判
　2）なぜフランス人観光客の中には日本の街並みが気に入らない人がいるのか？
　　□歩行者や車が多すぎるから
　　☑建物のスタイルが違いすぎるから
　　□人々が礼儀正しくないから
　3）フランス人の日本に対する好意的な見かたを最もよく表すパーセンテージは？
　　□35％　　□51％　　☑85％
②1）□著者とその友人　　☑日本を訪れるフランス人観光客全般　　□誰か
　2）□マイナス点が多い
　　□フランス人の日本批判は否定的すぎる
　　☑マイナス点は結局のところほとんどない

Exercices（p.94）
①1）村田龍介は学生時代、どのメディアのために仕事をしていたか？
　　☑テレビ番組　　□新聞　　□フランスの雑誌
　2）フランス語を学ぶ上での村田龍介の目標はなんだったか？
　　□フランスに仕事に行く
　　☑フランス語を使って収入を得る
　　□お金持ちになるために稼ぐ
　3）ガイドの仕事において村田龍介が最も大切にしていることは？
　　☑ガイドする人たちとのつながりを大切にすること
　　□日本の歴史に関する自分の知識を示すこと
　　□日本（あるいはフランス）中を旅行できること
②1）sincérité「アンナは誠実さに欠ける。彼女は思ったことを言わない」とノエが言う。
　2）conservateur「ジュールは非常に保守的だ。彼は変化を好まない」と彼の父が言う。
　3）mal「僕には君が言っていることを理解するのは難しい」とコウがジムに言う。
　4）ponctuelle「ジュリー、時間を守ってね、そうじゃないと飛行機に乗り遅れるよ」とサヤカが言う。
　5）actualités「ニュースでは日本の地震について話題にしていた」とレオが言う。
　6）planifié「私の便は14時にシャルル・ド・ゴール空港を出発する予定だ」とある旅行者が言う。
　7）bénévolement「ニコラはあるNGOのためにボランティアで働いている」と彼の母は誇らしげに言う。
　8）privilégie「私は常に家族との時間を優先している」とある父親が言う。

③ 正解は ⓒ
　ⓐ：「リュックは自分はマオよりも時間に正確だと言う。彼はいつも時間通りだ！」
　ⓑ：「リュックはマオはいつも時間に正確だと言う。彼はいつも時間通りだ！」

12. Comprendre le franponais !

Vrai ou Faux（p.99）
1) 日本語の中に入ってるフランス語があるし、その反対もある。(V)
2) フランス語の辞典には「フトン」よりも先に「ベントウ」という言葉が載った。(F)
3) フランスでは「ランデブー」は決して恋愛にかかわるものではない。(F)
4) フランス語では「カフェ」という語に2つの意味がある。(V)
5) フランポネはフランス語と日本語が混ざっている。(F)

Choisissez la bonne réponse（p.99）
① 1)「オビ」はフランス語辞典に載った最初の日本語か？
　　☑ 確かではない　　□ いや、全く違う　　□ はい、その通りである
　2) フランス人は日本における「ゲイシャ」という言葉の意味を理解しているのか？
　　□ もちろん理解している。その上、この言葉は多くの本で使われている
　　□ はい、彼らは日本語と日本文化を愛しているから
　　☑ いいえ、彼らは理解しておらず、その語を間違って使っている
　3) フランス人はフランポネをよく知っていて理解しているか？
　　□ はい、そのうえフランポネはフランスでもとても人気がある
　　□ はい、フランス語の単語やフレーズなので
　　☑ いいえ、来日中にわかるようになる
② 1) ☑ 飲み物　　□ コーヒー　　□ 店舗
　2) ☑ スペルミスや奇妙な単語の組み合わせがあるフランス語
　　□ 日本で話されているフランス語
　　□ ショーウィンドウ、バッグ、品物など

Exercices（p.102）
① 1) 舞子はどの言語が一番自分を表現しやすいと思っているか？
　　☑ フランス語　　□ 日本語　　□ どちらでもよい
　2) 舞子によると、nostalgie という言葉は日本語ではより豊かな意味合いをもつか？
　　☑ 彼女はそう思っている
　　□ 彼女にはその確信はない
　　□ 彼女にとってはフランス語との違いはない
　3) 舞子は日本にあるフランス語で書かれているメッセージのどんなことを批判しているか？
　　☑ 意味をなさないし、間違って書かれていることが多い
　　□ 失礼である
　　□ 日本語に訳しにくい
② 1) devanture 「店先をクリスマス仕様に飾り付けしなければ」とパン屋が言う。
　2) fautes 「シモン、書き取りの問題で3つ間違ってるよ」と彼の先生が言う。

3) séparation「女友達と別れて以来、レオは落ち込んでいる」と彼の母親が言う。
4) différence(s)「子どもたちの間で差別（兄弟間差別）をしてはいけない」と心理学者が言う。
5) descriptif「こちらがあなたの仕事の説明書です」と経営者が新しい従業員に言う。
6) langues「さやかは3ヶ国語を話す。彼女はトリリンガルだ」と彼女の友達のリナが説明する。
7) absurde「君が言ってることは馬鹿げてる！」とジャンが息子に言う。
8) citer「フランス人の作家の名前を3人挙げられる？」とレアがユキに尋ねる。

3 正解はⓒ
  ⓐ:「マノンはサラが言いたいことがよくわからない」
  ⓑ:「マノンはサラが言いたかったことがまったくわからない」

13. Un métier d'art

Vrai ou Faux（p.107）
1) 石工の仕事はフランス人には知られていない職業である。（V）
2) 石工はプロジェクトに使う石を選ぶ。（V）
3) 石工の仕事は時代とともに変わってきた。（V）
4) 石は傷まない。（F）
5) 今日、石材は建築に使われなくなった。（F）

Choisissez la bonne réponse（p.107）
1 1) 石工がプロジェクトで最初に行なうべき仕事は何か？
   □ 最も安い石を選ぶ　　□ 最も美しい石を選ぶ　　☑ 最も適切な石を選ぶ
  2) monument funéraire とは何か？
   □ 村あるいは町の広場に立つ有名人の像
   □ 墓地
   ☑ 亡くなった人の家族や近親者のための思い出の場
  3) テクストの結論（最後の一文）は何を意味するのか？
   ☑ 大工や石工は芸術家である
   □ 石工は芸術家であるが、大工はそうではない
   □ 木材を扱う仕事は、石材を扱う仕事よりも芸術的だ。
2 1) □ 採石場　　□ 採掘　　☑ 石
  2) □ 現代建築　　☑ 天然石　　□ 汚染

Exercices（p.110）
1 1) アラン・マンナギュは誰のおかげで石工の仕事を知ったか？
   □ 小学校の先生　　□ プレヴォという名前の男性　　☑ 石工の育成責任者
  2) アラン・マンナギュは石工の仕事の何に魅力を感じているか？
   □ 彼は製作する作品にひとりで取りかかるのが好きだ
   □ 製作する作品は個人の創作物で、彼はそれに署名できる
   ☑ 製作する作品は複数の人によって完璧に調和するように作られる
  3) 石工の仕事はかつてと同じままか？
   ☑ いいえ、テクノロジーの進化のおかげで、近年変わった
   □ いいえ、過ぎ去った時代を通じて変化した

□ はい、なぜなら伝統を重んじなければならない仕事だから
② 1) chantier「私はパリのノートルダムの建設現場に仕事に行く」とアランが言う。
　 2) matériau「日本では、木は非常によく用いられる資材だ」と鈴木氏が言う。
　 3) m'ennuie「数学の授業の間は退屈だ」とある生徒が言う。
　 4) rénovation「ノートルダムの修復はものすごく費用がかかった」とガイドが言う。
　 5) refusé「ピエールはリヨンでの教授のポストを断った」と友達のレアが言う。
　 6) précis「私は非常に確かな手さばきをしなければならない」と時計職人が言う。
　 7) bouleversé「格安会社は航空輸送を一変させた」とパイロットが言う。
　 8) sensible「モーツァルトの音楽にはとても心を動かされる！」と音楽マニアが言う。
　 9) collectif「サッカーは団体競技だから好きだ」とラモス瑠偉が言う。
③ 正解はⓐ
　 ⓑ：アランはこの礼拝堂で、年月を経て古びた壁の石を取り替える。
　 ⓒ：アランはこの礼拝堂で、年月を経て古びた石の壁を取り替える。

14. Paris, je t'aime !

Vrai ou Faux（p.115）
1) パリを訪れた外国人観光客の50％はまたパリに来たいと望んでいる。(F)
2) このテクストの著者にとって、パリは1度以上訪れねばならない場所である。(V)
3) パリにある美術館は100館以下である。(F)
4) ヴァンセンヌの森で自然を発見するのが好きな観光客もいる。(V)
5) 映画ファンはパリを題材にした映画がすべて好きだ。(F)

Choisissez la bonne réponse（p.115）
① 1) gourmet とは何か？
　　□ たくさん飲み食いする人
　　☑ 美味しいお料理やワインを好きな人
　　□ 食いしん坊の人
　 2) déambuler とはどういうか？
　　□ 誰かを迎えに行くこと
　　□ 速足で歩くこと
　　☑ 当てもなく歩き、行きたいところに行くこと
　 3) passage couvert とは何か？
　　□ トンネルの下を通る大通り
　　☑ ガラス天井に覆われ、お店がいくつもある歩行者専用の通り
　　□ 2つの駅を結ぶ通り
② 1) □ パリのレストラン　　☑ 光の都、つまりパリ　　□ パリを訪れること
　 2) ☑ 映画好きな人々　　□ 場所　　□ 映画好きのパリ市民

Exercices（p.118）
① 1) 功がパリで好きな時間帯はいつか？
　　☑ いつでも　　□ 昼間　　□ 夜

2) « *Quels lieux ne manquez-vous jamais de visiter ...* » はどういう意味か？
☑ あなたがいつも行く場所
☐ あなたが決して行かない場所
☐ あなたが行きそこなう場所

3) インタビュー内の功の5番目の発言はどういう意味か？
☐ 功は首都（パリ）に到着した次の日からパリに対して否定的になる
☑ 功は首都（パリ）に到着した次の日からパリに対して肯定的になる
☐ 功はいつでもパリに対して肯定的である

② 1) humour「功はユーモアにあふれている。いつも私を笑わせる」とジュリアが言う。
2) charme「モンマルトル界隈はとても魅力的だ」と功が言う。
3) province「フランスでは私はナンシーの田舎に住んでいる」とナタンが言う。
4) fan「私は歌手のユーミンのファンなの！」とサヤカが言う。
5) déçu「ロダン美術館に行ってきた。ちょっとがっかりした」と、ある男性観光客が言う。
6) sale「この界隈は汚い、ゴミ箱が足りない」と、ある女性観光客が言う。
7) sens「あなたのおかげで、フランスを強く感じることができる」とアヤがヴァネッサに言う。
8) bruyante「我が家の通りは騒がしい。交通量が多いのだ」と、あるパリジャンが言う。
9) modeste　ココ・シャネルはつつましい家庭で育った。
10) flâner　観光客はパリのマルシェ（市場）をぶらつくのが好きだ。

③ 正解はⓐ
ⓑ：映画の中で、アメリはサクレ・クール寺院の前を歩いて通る。
ⓒ：映画の中で、アメリはサクレ・クール寺院の前のマルシェ（市場）の前を通る。

15. Connus ici et inconnus là-bas !

Vrai ou Faux（p.123）
1) 日本で知られているフランス人の中には、フランスでは知られていない人がいる。（V）
2) ジョルジュ・ビゴーの絵は、現代の日本をよく表している。（F）
3) アンリ・マルティネは日本でしか仕事をしていない。（F）
4) シャルル・ルルーが「抜刀隊」を作曲したことを知っている人はほとんどいない。（V）
5) クレモンティーヌはフランスでとても人気がある。（F）

Choisissez la bonne réponse（p.123）
① 1) ジョルジュ・ビゴーは、特に何を観察し、描くのが好きだったか？
☑ 明治時代の日本人の生活　☐ 日本の田舎の風景　☐ 明治時代に新しく生まれた社会

2) このテクストでの « *est loin d'être négligeable* » という表現は何を意味しているか？
☑ かなり重要で興味深い
☐ 本当にとても重要で興味深い
☐ まったく重要でも興味深くもない

3) シャルル・ルルーは何を書いたか？
☑「抜刀隊」の曲　☐「抜刀隊」の歌詞　☐「抜刀隊」の歌詞と曲

② 1) ☐ 日本　☑ 日本で知られていること　☐ フランス人の人格
2) ☑ 日本で　☐ シャンゼリゼ通りで　☐ フランスで

Exercices（p.126）

① 1) 上田あゆみはフランスにいたとき、何をしたかったのか？
   ☐ フランス人と日本人の生活を比較すること
   ☑ フランス人が日本人について思っていることを明らかにすること
   ☐ パリに住む日本人がフランス人について思っていることを知ること
  2) ジョルジュ・ビゴーの風刺画の目的は何か？
   ☑ 当時の日本についてユーモアを交えて考えさせること
   ☐ 当時の日本人の本当の生活を見せること
   ☐ 単に笑いがとれればよい
  3) 来日前、ジョルジュ・ビゴーは日本のことをどのように想像していたか？
   ☑ 版画に見られるような伝統的な日本
   ☐ 変化し、伝統を失っていっている国
   ☐ 暴力的な戦争中の国

② 1) vogue「漫画はフランスでとても流行っている」とレオが言う。
  2) se former「将来は AI を習得しなければいけない」と情報科学者が言う。
  3) mouvement「メールアートは 1961 年に起こった芸術運動だ」とあるアーティストが言う。
  4) sur place「お持ち帰りですか、それともこちらでお召し上がりになりますか？」とレストランの主人が尋ねる。
  5) manuel「先生、歴史の教科書を忘れてしまいました」と生徒が先生に言う。
  6) humour「漫才はとってもユーモアがある！」とあるファンが言う。
  7) nostalgique「私の子ども時代のフランスが懐かしい」とマリー（70 歳）が言う。
  8) thèse「あなたの博士論文の主題は何ですか？」と教授が女子学生に尋ねる。

③ 正解はⓑ
  ⓐ：この歌手はフランスではあまり知られていない（少しだけ知られている）。
  ⓒ：本当にこの歌手はフランスでは知られていない。

Test sur 100 (p.128)

① 1) ⓒ faire　ワインを造るにはブドウが必要だ。
  2) ⓐ bavarder　教室ではおしゃべりをしないで、先生の話を聞かねばならない。
  3) ⓘ tremper　朝、フランス人はパンをコーヒーに浸すのが好きだ。
  4) ⓗ saisir　米粒を箸でつかむのは難しい！
  5) ⓑ diminuer　健康のためにはアルコールの消費は控えねばならない。
  6) ⓓ mélanger　緑を作るには黄色と青を混ぜねばならない。
  7) ⓔ prévoir　気象台は天気を予測しなければならない！
  8) ⓕ refuser　夕食の招待を断るのは難しい。
  9) ⓙ vivre　多くの人はタヒチで暮らしたいと思っている。
  10) ⓖ réserver　これからはインターネットでホテルの予約ができる。

② 1) ⓕ guide　旅行の間に観光客に付き添う男性・女性
  2) ⓐ architecte　建物や家の設計図を描く男性・女性

3) ⓓ chef(fe) 厨房を率いてレシピを考える男性・女性
4) ⓑ auteur(e) 本を書いたり芸術作品を作ったりする男性・女性
5) ⓔ étudiant(e) 勉強をする男性・女性
6) ⓒ boulanger / boulangère パンを作って売る男性・女性
7) ⓖ soldat(e) 軍務に就いている男性もしくは女性
8) ⓗ vétérinaire 動物たちの治療をする男性もしくは女性

③ 1) ⓐ but フランスはイタリアチームに対しゴールを決めた。1対0で勝利した。
2) ⓒ ligne まっすぐな線を引くには定規が必要だ。
3) ⓔ soirée 昨日は一晩中雨が降っていた。
4) ⓑ domaine ピエールは仕事を探している。医療関係の仕事はたくさんある。
5) ⓓ palais アヴィニョンの教皇庁は中世の建造物だ。
6) ⓑ domaine このブドウ栽培者はボルドーに広大なドメーヌを所有している。
7) ⓒ ligne ルーヴル・リヴォリ駅はパリの地下鉄1号線上にある。
8) ⓓ palais 良いワインを味わうには、良い味覚が必要だ。
9) ⓐ but ジュールはついに人生の目的を見つけた。パティシエになりたいのだ。
10) ⓔ soirée 誕生日を祝うため、ジャンは盛大なパーティーを企画した。

④ 1) ⓑ cout ユーロが強いとき、日本での滞在費は安くなる。
2) ⓑ ère AI とともに新しい時代が始まる。
3) ⓑ port マルセイユはフランス第一の港だ。
4) ⓐ pâte タルトを作るには、まず生地を作らなければならない。
5) ⓑ encre このアーティストは墨で描く。
6) ⓑ cœur ジュリーは親切だ。彼女は本当に優しい。
7) ⓐ thon 最も売れている寿司はマグロの寿司である。
8) ⓐ balade 海でのこの散歩はとても気持ちが良かった。
9) ⓐ champs プロヴァンスにはたくさんのラベンダー畑がある！
10) ⓑ vingt このロゼのボトルは 20 ユーロだ。

⑤ 1) ⓕ pendant フランス人は冬休みにスキーをするのが好きだ。
2) ⓐ à 田舎に暮らすか街に暮らすかの選択は、ときに難しい。
3) ⓖ sans このおばあさんは猫がいなければひとりぼっちになってしまう！
4) ⓓ en 漫画『AKIRA』は、1982年にフランスで連載として出版された。
5) ⓔ par 毎日、何百人もの観光客がこの寺院を訪れる。
6) ⓒ depuis 氷河（海洋）融解に関連する問題は、数年前から存在している。
7) ⓗ sur オヴェール・シュル・オワーズは、パリの北にある美しい村だ。
8) ⓑ chez フランスでは、人々は友達を家に招くのが好きだ。

⑥ 1) ⓐ bizarre　　2) ⓕ je sais　　3) ⓗ pourquoi　　4) ⓖ parfaitement
5) ⓔ la même chose　6) ⓒ comment ça　7) ⓓ fait rire　8) ⓑ c'est dommage

ソフィーとマミコは東京の街を散策しています。
ソフィー：見て、この言葉！フランス語だけどおかしいよ、いろいろ間違ってる！
マミコ：うん、そうね。よくあるんだよ。でも、私たちにとってはたいしたことじゃないの。
ソフィー：なんでなのか、わからない！

マミコ：あなたの言語を完璧に話せる日本人は少ないのよ。ただ可愛くてオシャレなの！
ソフィー：でも、あなたたちの多くはフランス文化が好きでしょう。
マミコ：その通りね。だけど、フランスでも同じよ。
ソフィー：えっ、どういうこと？
マミコ：ときどき、Tシャツに書かれた漢字が逆なのを見かけるもの！　笑っちゃうよ！
ソフィー：その通りだね。でも残念！　言葉は尊重しなくっちゃ。

7) 1) scupture(s)　2) nature　3) scènes　4) masque
   5) littérature　6) foule　7) cimetière　8) jardin

8) 1) ⓕ le long de　パリの観光客たちはセーヌ川に沿って歩くのが好きだ。
   2) ⓑ à cause de　ルーヴル美術館は守衛たちのストライキのせいで閉まっている。
   3) ⓖ près de　ニューカレドニアはオーストラリアの近くだ。
   4) ⓒ à l'occasion de　シェフたちはよく、クリスマスの折にスペシャルメニューを提案する。
   5) ⓐ à partir de　この街では80ユーロから良いホテルが見つけられる。
   6) ⓓ auprès de　ケンは家族のそばにいるために故郷に帰る。
   7) ⓔ en face de　ルーヴルのピラミッドはチュイルリー公園の正面にある。
   8) ⓗ y compris　この定食は飲み物込みで17ユーロする。

9) 1) 日本ではどのように旅をされましたか？
     ☑ JRパスを買いました。便利で安あがりでした。
     □ 成田から私のホテルまでバスに乗りました。
     ※旅行の説明ではなく、交通手段を答えるのは不適切
   2) なぜ長崎と広島へ行かれたのですか。
     □ というのも、これらの都市の歴史を理解したかったからです。
     ☑ なぜなら日本の歴史におけるその瞬間を理解したかったからです。
     ※ pourquoi の質問に car で答えるのは不適切
   3) 札幌では何を見ましたか？
     ☑ ビール博物館です。とても興味深かったです。
     □ 日本人の友人ケイコです。5年前にフランスで知り合ったのです。
     ※人についての質問ではない
   4) 沖縄ではどこに滞在しましたか。
     □ ホテルの部屋にいました。外はとても暑かったので。
     ☑ 海辺の3つ星ホテルです。
     ※フランス語の rester には「休息」の意はない
   5) 日本で食べた料理で気に入ったものは何ですか？
     ☑ 「肉じゃが」です。とてもおいしかったです。
     □ 「ユズ」です。ほんとうにおいしいです。
     ※ユズは果実の名称で、料理名ではない
   6) お酒を少しお飲みになりませんか？
     ☑ いいえ、結構です。アルコールは全く飲みません。
     □ はい、もちろんです。大好きです。
     ※否定疑問文に肯定で答える場合は si を用いる

⑩ 1) ⓑ un bâtiment ancien　　2) ⓒ ce compositeur célèbre　　3) ⓗ mon pays natal
　4) ⓕ un plat exotique　　5) ⓓ du poisson cru　　6) ⓔ un restaurant étoilé
　7) ⓘ un sport nautique　　8) ⓐ un temps agréable　　9) ⓖ un touriste étranger
　10) ⓙ du vin rosé

⑪ 1) marche
　　「抜刀隊」は軍隊行進曲である。／森の中を散歩に行こう。
　2) mémoire
　　記憶力がいいと、何でも覚えている。／禅の哲学に関するこの論文は魅力的である。
　3) occasion
　　金持ちではないので中古車を買った。／学生のとき、日本に来る機会を得た。
　4) point
　　フランスの政治について、どのように考えてる？／文の最後に点をつけるのを忘れないで。
　5) vols
　　雪のため、札幌行きの便は欠航になった。／パリの地下鉄では盗難に注意。
　6) mot
　　ジュリーは私に遅く戻るというメモを残した。／日本語のこの単語、知ってる？

⑫ 1) ⓒ terminer　　2) ⓐ compris　　3) ⓑ exercices　　4) ⓑ peut
　5) ⓐ contente　　6) ⓐ d'elle　　7) ⓑ exprimer　　8) ⓐ étrangère

アヤカはこの本を読み終えたところだ。最初は難しかった。初めてビデオをみたときは、全部はわからなかった。でも、新しい単語を覚え、練習問題を解き、インタビューを読んで、彼女はフランス語のネイティブの人たちともっとうまくコミュニケーションがとれるようになったと考えた。また、自分自身のことや興味深い話題について上手に話せるようになるだろうということがうれしかった。もちろん、自分の言いたいことをまだ完璧に表現できるわけではないが、外国語を習得するのは長い道のりであることを彼女は知っている。

※この Test sur 100 がもし 60 点以上だったなら、おめでとうございます。あなたは A2 レベルの単語を習得しました！　もし 60 点以下だったのなら、ときにはまたこの本を読み直す必要があるかもしれません。がんばってください。

フランス教育省は 2016 年度から教育カリキュラムに新つづり字を採用しており、この本も新つづり字で表記しています。この本で使われた新つづり字と従来のつづり字との対照は下記の通りです。＊印の単語は「Vocabulaire で扱った単語一覧」にも掲載されています。

新しいつづり字	従来のつづり字
abimé(e)*, abimer*	abîmé(e), abîmer,
chaine	chaîne
connaitre	connaître
coute*, couter*	coûte, coûter
couteux* / couteuse*	coûteux / coûteuse
diner	dîner
disparaitre	disparaître
évènement*	événement
gout*, gouté, gouter*	goût, goûté, goûter
ile	île
maitre	maître
passetemps*	passe-temps
naitre*	naître
plait	plaît
(se) rafraichir*	(se) rafraîchir
reconnaitre*	reconnaître
voute*	voûte

Vocabulaire で扱った単語一覧　(数字は掲載しているページを示す)

A

à emporter　17
à l'identique　105
à l'occasion de ...　73
à la recherche de ...　113
à part　13
abandonné(e) 形　33
abandonner 他動　33
abimé(e) [abîmé(e)] 形　105
abimer [abîmer] 他動　105

abonné(e) 名　37
absurde 形　101
acceptable 形　73
accepter 他動　73
accompagnateur / accompagnatrice 名　93
accordéon 男　53
activement 副　65
activer 他動　65
activité 女　65
actualités 女　93
adaptation 女　93

adapté(e) 形　105
adapter 他動　105
admirateur / admiratrice 名　57
aérer 他動　49
aérien(ne) 形　49
aéroport 男　81
affaires (personnelles) 女　53
affection 女　33
affectueux / affectueuse 形　33

agréable 形　41, 49
agréablement 副　41
album 男　121
alcool 男　73
alcoolisme 男　73
alimentaire 形　93
alimentation 女　93
amateur / amatrice 名　113
ambiance 男　89
ambiant(e) 形　89
âme 女　9
améliorer 他動　13
amour 男　97
amoureux / amoureuse 形　97
ancêtre 名　25
ancien(ne) 形　105
animal de compagnie 男　33
animalerie 女　37
annonce (sonore) 女　89
annoncer 他動　89
apaisant(e) 形　33
apaiser 他動　33
apéritif 男　73
application 女　73
appliquer 他動　73
appréciation 女　41
apprécié(e) 形　17
apprécier 他動　17, 41
aquaculture 女　81
archipel 男　9
architecte-paysagiste 名　121
architectural(e) 形　89
architecture 女　89
(s')arrêter 代動　41

art culinaire 男　57
Art déco 男　49
artisan 男　105
artisanal(e) 形　105
artiste 名　65
artistique 形　65
artistiquement 副　65
asiatique 形　57
Asie 固有 女　57
assaisonnement 男　61
assaisonner 他動　61
asseoir 他動　53
assis(e) 形　53
association 女　97
associer 他動　97
atoll 男　81
attaché(e) 形　33
attacher 他動　33
attaque 女　85
attaquer 他動　85
attirer 他動　41
attrait 男　65
attrayant(e) 形　65
au fur et à mesure …　125
au travers de …　97
aucun(e) 形　49
augmentation 女　17
augmenter 他動　17
auprès 副　69
auteur 男　69
autorisé(e) 形　37
autoriser 他動　37
avec bonheur　41
avec soin　105
aventure 女　113
aventurier / aventurière 名　113

avoir besoin de …　33
avoir du mal à faire …　93
avoir le droit de + 不定詞　17
ayant > avoir 他動　113

B

bagage 男　89
baignade 女　85
(se) baigner 代動　85
balade 女　49
(se) balader 代動　49
balnéaire 形　85
bande dessinée 女　69
basilique 女　109
bavardage 男　61
bavarder 他動　61
bénévole 形 名　37
biodiversité 女　113
bistro 男　113
blague 女　53
blé 男　9
blogueur / blogueuse 名　61
bobo chic 名　117
bon sens 男　109
bouche de métro 女　49
boulangerie 女　17
bouleverser 他動　109
bouquet 男　61
bras 男　53
bruit 男　89
bruyant(e) 形　89
but 男　113

C

(dans le) cadre de …　97
caféier 男　97
cafetière 女　97

canal 男 113
canalisation 女 113
capacité 女 93
capital 男 49
capital(e) 形 49
capitale 女 49
caramélisé(e) 形 41
caricatural(e) 形 121
caricature 女 121, 125
caricaturiste 名 121, 125
carrier 男 105
carrière (de pierres) 女 105
carton 男 89
cartonnage 男 89
cascade 女 113
cascadeur / cascadeuse 名 113
cathédrale 女 105
causé(e) par ... 81
c'est-à-dire 21
centenaire 男 49
céréale 女 17
ces derniers 57
céviche 男 61
champ 男 9
chantier 男 109
charmant(e) 形 33
charme 男 33
charmer 他動 33
charpentier / charpentière 名 105
chasse 女 85
chasser 他動 85
Château 男 77
chaton(ne) 名 37
chef(fe) d'orchestre 名 121
chef(fe) de bord 名 45
chéri(e) 名 81
chérir 他動 81
chiot 名 37
cimetière 男 113
cinéphile 名 113
circulation 女 45, 73
circuler 自動 73
citer 他動 101
clair(e) 形 73
clairement 副 73
clarté 女 73
climat 男 81
climatique 形 81
collectif / collective 形 109
colline 女 9
comics 男 69
communicationnel(le) 形 77
compagnie 女 45
compagnon / compagne, compagnonne 名 33
compétence 女 105
compétent(e) 形 105
compétition 女 105
complet / complète 形 17
complice 形 25
complicité 女 25
comportement 男 37, 49
(se) comporter 代動 49
composer 他動 121
compositeur / compositrice 名 121
composition 女 121
concentration 女 13
concentrer 他動 13
concept 男 77
conceptuel(le) 形 77
(être) considéré(e) comme ... 33
conditions de travail 女 93
confit de canard 男 61
conformément 副 65
confortable 形 89
congé 男 45
congelé(e) 形 17
congeler 他動 17
congés payés 男 101
conservateur / conservatrice 形 93
consommer 他動 61
constatation 女 9
constater 他動 9
consulter 他動 85
conte 男 25
contenir 他動 101
continent 男 97
continental(e) 形 97
contradiction 女 73
contraire 形 41
contrairement 副 65
convivial(e) 形 77
cool 形 77
coquillage 男 81
côte 女 81
côtier / côtière 形 81
coup de cœur 男 13
couramment 副 89
courant(e) 形 37, 89
cout [coût] 男 57

couter [coûter] 自動　57
couteux / couteuse [coûteux / coûteuse] 形　57
couverture 女　69
critique 女　89
critiquer 他動　89
croquis 男　125
cru(e) 形　57
cruel(le) 形　37
cuire 他動　17
cuisson 女　17
cuit(e) 形　57
culture 女　113
culturel(le) 形　113
curieux / curieuse 形 de tout　93
cyclone 男　85

D

(être) dans le cœur de …　29
dans le monde entier　9
dans son ensemble　73
d'autant que …　109
de moins en moins　17
de plein air　65
de plus en plus　17
déambuler 自動　113
débit de boissons 男　73
décevoir 他動　117
déclaration 女　113
déclarer 他動　113
décor 男　9
décoration 女　9
décorer 他動　9
décrire 他動　9, 101
déçu(e) 形　117

défaut 男　49
définitif / définitive 形　81
définitivement 副　81
déguster 他動　61
démarche 女　37
déménager 自動　9
demi(e) 名　41
dépendance 女　57, 73
dépendre 他動　57, 73
déplacer 他動　53
(se) déplacer 代動　53
déposer 他動　17
dépôt 男　17
déranger 他動　53
dernièrement 副　69
dès que …　41
désagréable 形　49
descendant(e) 名　25
descriptif 男　101
désignation 女　97
désigner 他動　97
désir 男　113
désirable 形　113
désirer 他動　113
désormais 副　17
destination 女　41
détail 男　125
(se) détendre 代動　65
détente 女　65
devanture 女　101
différence 女　57
différent(e) 形　57
différer 自動　57
digestif 男　73
diminuer 他動 自動　33
diminution 女　33
diplôme 男　17

diplômé(e) 形　17
distributeur de boissons 男　89
dizaine 女　45
domaine 男　77
don 男　37
durable 形　105
durée 女　105

E

échange 男　97
échanger 他動　97
écologie 女　89
écologiste 名　89
écoute 女　121
écouter 他動　121
édification 女　105
édifice 男　105
édifier 他動　105
élément 男　105
élémentaire 形　105
élevage 男　37
élever 他動　37
emballage 男　89
emballer 他動　89
(être) émerveillé(e) par …　109
emménager 自動　9
emmener 他動　49
émotion 女　9
émouvoir 他動　9
empereur 男　121
en vrai　117
encre 女　13
énergie 女　33
énergique 形　33
engagement 男　49
engager 他動　49

157

ennui 男　109
(s')ennuyer 代動　109
énorme 形　89
énormément 副　89
enseigne 女　57
enseigner 他動　57
entendre 他動　121
entier / entière 形　101
entouré(e) 形 de ...　29
environ 副　9
environs 男　9
équivalent(e) 形 男　101
ère 女　121
escalier 男　49
espace de vie 男　81
espiègle 形　33
esprit 男　109
essence 女　77
essentiel(le) 形　77, 81
essentiellement 副　81
estampe 女　9
esthétique 形　105
établir 他動　57
établissement 男　57
étape 女　77
éternel(le) 形　125
éternité 女　125
étiquette 女　77
étoile 女　113
étoilé(e) 形　113
étonnant(e) 形　21, 41
(s')étonner 代動　41
étonner 他動　21
étrange 形　33
étude 女　73
étudier 他動　73
euthanasie 女　37

évènement [événement] 男　25
évitable 形　57
éviter 他動　57
évoquer 他動　53
exagérer 他動　125
exotique 形　33
exotisme 男　33
expérience 女　89
exposé(e) 形 à ...　85
exposer 他動　85
expression 女　25
exprimer 他動　25
(s')exprimer 代動　101
extérieur(e) 形　65
extérieurement 副　65
extraction 女　105
extraire 他動　105
extraordinaire 形　61

F

fabrication 女　17, 57
fabriquer 他動　17, 57
façonner 他動　109
faire avec　53
faire l'expérience de ...　89
faire le premier pas　49
faire partie intégrante de ...　25
(se) faire plaisir　69
faire rire　53
familial(e) 形　25
familier / familière 形　25
fan 名　57
fascination 女　77
fasciner 他動　77
faune 女　85
faute d'orthographe 女　97

fermentation 女　17
fermenter 自動　17
fermeture éclair 女　53
féru(e) 名　113
festif / festive 形　73
fête 女　73
feu 男　85
fidèle 形　57
fidélité 女　57
fil électrique 女　89
fin(e) 形　121
finir par ...　69
flâner 自動　117
fleuri(e) 形　9
flexibilité 女　93
flore 女　85
fondre 自動　81
fondu(e) 形　81
fonte 女　81
format 男　69
formation 女　109
formé(e) 形　17
former 他動　17
(se) former 代動　13
fortement 副　29
foule 女　89
fournir 他動　81
fourniture 女　81
franc / franche 形　101
France métropolitaine 女　25
franchement 副　21
franga 男　69
frappé(e) 形 par ...　101
frapper 他動　101
fréquent(e) 形　57
fréquenter 他動　57

funérailles 女　105
funéraire 形　105
fusion 女　57
fusionner 自動　57

G

gagner sa vie　93
galant(e) 形　97
galanterie 女　97
galerie d'art 女　117
gêné(e) 形 par ...　53
genou 男　53
gentil(le) 形　41
gentillesse 女　41
glace 女　81
glacier 男　81
gourmand(e) 名　113
gourmet 男　113
gout [goût] 男　61, 113
gouter [goûter] 他動　41
grand public 男　121
grand-chose 名　121
gratuit(e) 形　73
gratuitement 副　73
gravé(e) 形　121
graver 他動　121
grève 女　49
grillé(e) 形　61
griller 他動　61

H

habitué(e) 名　61
habituer 他動　61
(s')harmoniser 代動　109
hospitalité 女　93
humour 男　117

I

idée reçue 女　65
identifier 他動　25
identité 女　25
il manque ...　89
impérial(e) 形　121
impression 女　61
inamical(e) 形　117
incomparable 形　85
inconfortable 形　89
indépendance 女　33
indépendant(e) 形　33
indicatif / indicative 形　97
indiquer 他動　97
industrialisation 女　105
industrie 女　105
industriel(le) 形　105
ingrédient 男　57
inscrire 他動　17
inscrit(e) 形 à ...　17
inspiration 女　9
inspirer 他動　9
instagrameur / instagrameuse 名　85
interdiction 女　73
interdire 他動　73
interdit(e) 形　73
intéresser 他動　13
intérêt 男　13
intérieur(e) 形　25
intérieurement 副　25
inviter 他動　77
iris 男　9
isolé(e) 形　29
ittérature 女　65

J

Japonisme 男　125
Jardin des Plantes 男　113
jeu de société 男　97
jeunesse 女　25
joyeux / joyeuse 形　33

L

larme 女　25
lavande 女　45
lecteur / lectrice 名　69
légal(e) 形　73
légalement 副　73
lendemain 男　117
liaison 女　25
liberté 女　29
libre 形　29
lien 男　25
lier 他動　25
lieu 男　41, 49
ligne 女　49
littéraire 形　65
littoral 男　85
littoral(e) 形　85
local(e) 形　57
loi 女　73
loisir 男　65
(le) long de ＋場所　113
louer 他動　117

M

majeur(e) 形　73
malhonnête 形　37
mammifère 男　33
manche 女　53
manquer 他動　117
(ne pas) manquer de ＋ 不定詞　117
manuel(le) 形　65
manuel scolaire 男　125
manuellement 副　65
marchand(e) d'art 名　9
marche (d'escalier) 女　113

159

marche militaire 女 121
marcher 自動 113
marge 女 93
marin(e) 形 81
maritime 形 81
marque 女 101
marqué(e) 形 45
matériau 男 109
maternel(le) 形 101
méconnu(e) 形 105
mélange 男 41, 57
mélangé(e) 形 57
mélanger 他動 41, 57
mémoire 女 45
mémorial 男 45
mérite 男 33
mériter 他動 33
merveilleusement 副 101
métier 男 45
mie 女 17
mieux vaut + 不定詞 57
mise en forme 女 17
modèle 男 125
modération 女 77
modérer 他動 77
moderne 形 41
(se) moderniser 代動 125
modernité 女 41
modeste 形 117
mœurs 女 97
moitié 女 41
monotone 形 65
montée (des eaux) 女 81
mou / molle 形 21
mouiller 他動 21
mouvement 男 125
moyen 男 49

N

naissance 女 25
naitre [naître] 自動 25
natal(e) 形 25
natif / native 形 97
nautique 形 85
négatif / négative 形 89
négligeable 形 121
négliger 形 121
noctambule 形名 49
nocturne 形 49
nombre 男 41
nombreux / nombreuse 形 41
nostalgie 女 29
notamment 副 73
noter 他動 61
nouilles de sarrasin 女 41
nouvelle 女 25
nuance 女 101

O

observateur / observatrice 名 121
observation 女 121
observer 他動 121
occasion 女 29
occasionnel(le) 形 29
océan 男 45
odeur 女 49
œnophile 形名 77
œuvre 女 9
original(e) 形 113
outil 男 109
ouvert(e) 形 121
ouverture 女 121
(être une) ouverture vers … 81

ouvrir 他動 121

P

pain perdu 男 21
paisible 形 9
palais 男 57
pandémie 女 29
panne 女 49
par ailleurs 101
par hasard 25
par la suite 93
paradis 男 45
paradoxalement 副 73
paradoxe 男 73
parcourir 他動 109
parcours 男 109
pareil(le) 形 21
paroles 女 29
particulier / particulière 形 33
particulièrement 副 33
partout 副 41
passage couvert 男 113
passerelle 女 121
passetemps 男 65
pâte 女 17
patience 女 13
patient(e) 形 13
patrimoine mondial de l'humanité 男 17
(le) pays du Soleil-levant 男 9
pêche 女 81
pêcher 他動 81
peindre 他動 9
peintre 名 9
peinture 女 9
perdre 他動 41

perdu(e) 形　41	précis(e) 形　109	**R**
personnage 男　69	prémix 男　73	raciste 形 名　125
personnalité 女　121	préparation 女　57	(se) rafraîchir [rafraîchir]
pétanque 女　65	préparer 他動　57	代動　85
pétrir 他動　17	préposition 女　97	raison 女　125
pétrissage 男　17	préservation 女　105	raisonnable 形　125
peuple 男　81	préserver 他動　105	rame 女　53
peuplé(e) 形　81	prévision 女　93	randonnée 女　65
pierre de taille 女　49	prévoir 他動　93	randonneur /
pince 女　13	(être) prisé(e)　81	randonneuse 名　65
pinceau 男　13	privilège 男　49	rassis(e) 形　21
plage 女　45	privilégier 他動　49	récemment 副　73, 97
planifié(e) 形　93	producteur /	récent(e) 形　73, 97, 105
PMT 男　85	productrice 名　77	recette 女　57
poème 男　29, 81	produire 他動　77	recevoir (une question)
poésie 女　81	produit 男　25	他動　93
poète 男　81	produit de la mer 男　81	recherches 女　125
poétique 形　29	profession 女　97	récif corallien 男　81
point de vente 男　17	professionnel(le) 形　97	reconnaissant(e) 形 à　13
point 男　89	profit 男　65	reconnaitre 他動　13
polir 他動　105	profitable 形　65	recueilli(e) 形　89
polissage 男　105	profiter 他動　65	recueillir 他動　37
politesse 女　45	profond(e) 形　25	réfugié(e) 男　81
Polynésie 固有 女　81	profondément 副　25	(se) réfugier 代動　81
polynésien(ne) 形　81	promenade 女　9	refus 男　109
ponctualité 女　49	(se) promener 代動　9	refuser 他動　109
ponctuel(le) 形　49	propre 形　117	région 女　25
port 男　81	province 女　9	régional(e) 形　25
positif / positive 形　89	proximité 女　41	rencontre 女　25, 65
posséder 他動　17	pseudonyme 男　69	rencontrer 他動　25, 65
possession 女　17	publicité 女　97	rendre hommage à ...　25
poteau électrique 男　89	publier 他動　97	renforcement 男　65
poterie 女　65	**Q**	renforcer 他動　65
potier 男　65	qualifié(e) 形　105	rénovation 女　109
pratiquant(e) 名　65	qualifier 他動　105	réparation 女　105
pratique 女　13	qualité 女　49	réparer 他動　105
pratiquer 他動　13, 65	quoi de mieux　65	reporteur / reportrice 名

161

45
représentation 女 125
reprise 女 121
reproche 男 89
reprocher 他動 89
requin 男 85
RER (Réseau Express Régional) 53
réseau social 男 13
responsabilité 女 33
responsable 形 33
ressentir 他動 29
restauration 女 105
restauration rapide 女 57
restaurer 他動 105
retard 男 53
(en) retour de ... 33
riche 形 41
ridiculiser 他動 125
(se) ridiculiser 代動 125
rigide 形 69
rire 男 117
risque 男 73
risquer 他動 73
riziculteur / rizicultrice 名 45
rizière 女 45
Robert historique 固有 男 97
roman 男 25
roue 女 29
roulette (vélo à roulettes) 女 29
ruine 女 29
ruisseau 男 37
rural(e) 形 89

S
saisir 他動 13
sale 形 117
saveur 女 57
savourer 他動 57
scénario 男 113
scène 女 113
sculpter 他動 65, 105
sculpteur 男 65, 105
sculpture 女 65, 105
(se) sentir 代動 9
sécheresse 女 85
sécurité sociale 女 93
séjour 男 45, 57
séjourner 自動 45, 57
sensible 形 à ... 109
séparation 女 101
(se) séparer de ... 代動 101
série 女 65
service 男 53
servir 他動 61
sévère 形 73
sévérité 女 73
signal 男 97
signaler 他動 97
signifier 他動 29
simplicité 女 45
sincérité 女 93
slogan 男 73
sober curious 男 77
social(e) 形 37
socialisation 女 37
société 女 37, 73
soi-même 代 17
soigner 他動 33
soigneusement 副 105

soin 男 33
soirée 女 73
sol 男 121
soldat 男 121
sommelier / sommelière 名 77
sommellerie 女 77
son 男 53
sonner 自動 53
souci 男 89
soucieux / soucieuse 形 89
souffle 男 117
source 女 45
sous-sol 女 49
sous-titre 男 29
soutenir 他動 37
souterrain(e) 形 49
soutien 男 37
souvenir 男 25
(se) souvenir de... 代動 25
spécifique 形 37
spectacle 男 65
spectateur / spectatrice 名 65
style 男 117
supposer 他動 13
sur place 17, 125
surnom 男 69
surprenant(e) 形 97
surprendre 他動 41, 97
sympa (=sympathique) 形 117

T
tailler 他動 105
tailleur / tailleuse de

pierre 名　105
tant 副　117
tartare 男　61
taux de mortalité 男　93
taux de natalité 男　93
technique 女　109
technologie 女　109
tellement 副　41
témoignage 男　121
témoigner 他動　121
temps 男　65
tendance 女　77
territoire d'outre-mer 男　25
terroir 男　77
thèse 女　125
titre 男　29
toilettes publiques 女　41
tombe 女　113
tombeau 男　113
tomber amoureux de …　9
tomber sur …　13
tourier / tourière 名　21
tournage 男　93, 113

tourner 他動　113
tradition 女　17, 25
traditionnel(le) 形　17, 25
traditionnellement 副　25
traduction 女　25
traduire 他動　25, 101
traduisible 形　101
transport urbain 男　49
tremper 他動　21
trésor 男　13
tropical(e) 形　45, 85
tropiques 男　85
tube 男　121
turquoise 形　85

U

ultra-moderne 形　41
unité 女　89
universel(le) 形　89
universellement 副　89
urbain(e) 形　89
usage 男　49
usager / usagère 名　49
user 他動　49

V

varié(e) 形　65

varier 自動　41
variété 女　41
vécu < vivre 自動　9
vendange 女　77
verre 男　77
vers 男　81
vétérinaire 名　37
véto 名　37
vieillissement 男　93
viennoiserie 女　21
vigne 女　77
vigneron(ne) 名　77
vingtaine 女　117
viser 他動　13
viticole 形　77
vitre 女　97
vitrine 女　97
(être en) vogue　125
voire 副　121
vol 男　45
voler 自動　45
vouloir dire …　101
voute 女　109

Z

zen 男　13

163

Postface et remerciements

Les motivations pour apprendre le français sont très nombreuses : études, voyages, rencontres, travail ou tout simplement plaisir personnel. Les objectifs varient aussi : pouvoir communiquer à l'écrit, à l'oral, découvrir les joies de la lecture ou comprendre une chanson, les dialogues d'un film, une émission de radio…

Chaque parcours passe obligatoirement par un apprentissage du vocabulaire et chacun sait combien il est difficile de retenir les mots appris, quand on n'a pas l'occasion de les utiliser tous les jours. Mais chacun d'entre eux est une chance pour atteindre le but fixé.

Tout le lexique, acquis grâce à ce livre et les vidéos qui l'accompagnent, est au service d'échanges, de discussions en français, soit sur la France bien sûr, mais aussi sur le Japon. Savoir parler de son propre pays, de sa propre culture est important et enrichit les thèmes de conversation. « La langue n'est pas un don génétique, c'est un don social […] Apprendre une nouvelle langue, c'est devenir membre du club – la communauté des locuteurs de cette langue. » (Franck Smith, psycholinguiste, 1928 -2020). Bon courage pour la suite de votre chemin vers la langue et la culture françaises !

Nous remercions très sincèrement toutes les personnes qui ont accepté de participer au jeu de la communication avec vous, lectrices et lecteurs, en acceptant d'être interviewées pour cet ouvrage.

Nous remercions aussi Surugadai-Shuppansha d'avoir permis à ce travail de voir le jour et d'être partagé avec vous. Merci également à Madame Kazumi Kanke, éditrice, pour son engagement sans faille avec notre équipe.

Les auteur(e)s

著者略歴

モーリス・ジャケ（Maurice Jacquet）
FLE（Français Langue Étrangère）教授、京都外国語大学名誉教授。examinateur-correcteur pour le DELF et le DALF も務めた。編著書に『仏検対策問題集』（5級から準1級・1級まで各級、共編著／白水社）、『フランス語の接頭辞・接尾辞』（共著／駿河台出版社）、『例文で覚えるフランス基本単語2600』『例文で覚えるフランス語熟語集』『DELF A2 対応 フランス語単語トレーニング』『DELF B1・B2 対応 フランス語単語トレーニング』（以上、共著／白水社）など。

舟杉 真一（ふなすぎ しんいち）
京都外国語大学教授。編著書に『仏検対策問題集』（5級から準1級・1級まで各級、共編著／白水社）、『例文で覚えるフランス語熟語集』『DELF A2 対応 フランス語単語トレーニング』『DELF B1・B2 対応 フランス語単語トレーニング』（以上、共著／白水社）など。

津田 奈菜絵（つだ ななえ）
京都外国語大学非常勤講師。フランス語通訳者・翻訳家。著書に *Dictionnaire Colette*（項目執筆／ Classiques Garnier）、訳書にジャン＝ルイ・ドブレ、ヴァレリー・ボシュネク『フランスを目覚めさせた女性たち』（共訳／パド・ウィメンズ・オフィス）。

映像＋Interview で学ぶフランス語
［映像無料配信 付］

2024年11月26日　初版1刷発行

著者		モーリス・ジャケ
		舟杉 真一
		津田 奈菜絵
映像制作		Emjiprod
企画・編集		菅家 千珠
印刷・製本		精文堂印刷 株式会社
発行		株式会社 駿河台出版社
		〒101-0062 東京都千代田区神田駿河台3-7
		TEL 03-3291-1676 ／ FAX 03-3291-1675
		http://www.e-surugadai.com
発行人		上野 名保子

許可なしに転載、複製することを禁じます。落丁本、乱丁本はお取り替えいたします。

© Maurice JACQUET ／ Shinichi FUNASUGI ／ Nanae TSUDA　2024　Printed in Japan
ISBN　978-4-411-00580-9　C1085